谨以此书

纪念孙中山故居纪念馆

建馆五十周年

THE MUSEUM OF DR. SUN YAT-SEN

孫中山故居

# 孙中山故居纪念馆

## THE MUSEUM OF DR. SUN YAT-SEN

文物出版社

责任印制：王少华

责任编辑：童　冉

**图书在版编目（CIP）数据**

孙中山故居纪念馆/本书编辑小组编. —北京：文物出版社，
2006.10
ISBN 7-5010-2019-1

Ⅰ.孙… Ⅱ.孙… Ⅲ.孙中山（1866～1925）— 故居 —
简介 — 中山市 Ⅳ.K878.2

中国版本图书馆CIP数据核字（2006）第120311号

**孙中山故居纪念馆**

本书编辑小组　编

文物出版社出版发行

（北京东直门内北小街2号楼　邮政编码100007）

http://www.wenwu.com

E-mail:web@wenwu.com

北京图文天地企业形象策划有限公司设计

北京图文天地中青彩印制版有限公司印制

新华书店经销

889×1194　1/16　印张：11.5

2006年10月第一版　2006年10月第一次印刷

ISBN 7-5010-2019-1/K·1077

定价：80.00元

# 目 录

# 前　言

一

　　2006年，我们举办系列活动隆重纪念伟大的孙中山诞辰140周年，同时也迎来了孙中山故居纪念馆建馆50周年。我们编撰这本图册，作为建馆50周年的纪念。

　　对于人生，半个世纪已属漫长；在历史的长河中，50年却略显短暂。孙中山故居纪念馆由初创经历了50年走到今天，历届管理者和全体员工共同努力，从小到大，逐步发展，不断进步，走向成熟。

　　今年又是辛亥革命95周年。孙中山领导建立了中国第一个共和国，推动了中国近代社会的进步和发展，为中华民族的历史谱写了辉煌的篇章，并得到了世界上不同社会制度和发展层次的国家和人民的广泛的认同。纪念、研究孙中山，弘扬其崇高精神与人格，保护、展示其文物及环境，是本馆的根本宗旨与任务，我们以此作为开展工作的核心依据。

　　我们制定的全馆业务和管理工作总方针是："以现代系统理论指导，推行ISO9001和ISO14001标准体系；在守护历史文化价值的同时积极开拓创新；不断充实展示体系；持续提高软硬件水平；拓展博物馆业务，强化旅游服务，实施优质保障；树立经营意识；培育和提升本馆团队文化；实现良好的社会效益、环境效益和经济效益。"

　　我们的质量方针：严格质量管理，持续改进服务，实施优质保障。

　　我们的环境方针：恪守法规，预防污染，有效利用资源，保护并持续改善文物环境。

　　本馆业务工作的原则：坚持有特色才有生命力的理念，保护文物及其环境求发展。

　　本馆陈列展览定位：以"孙中山及其成长的社会环境"为主题，兼具历史纪念性和民俗性、立体的、多元化的、独具特色和丰富内涵的展示体系。

　　目前本馆的三个机构名称分别是：

孙中山故居纪念馆

中山市民俗博物馆

中山市孙中山研究所

目前本馆保持着"全国精神文明建设工作先进单位"、"全国文化先进集体"、"全国文物系统先进集体"、"全国爱国主义教育示范基地"、"国家ＡＡＡＡ级旅游景区"、"广东省文明单位"、"广东省基层文化工作先进集体"、"广东省文明风景旅游区示范点"等国家和省级称号；在中山市连续获得文明单位、先进党支部、先进团支部、先进妇女工作和安全保卫先进单位等各种荣誉。

孙中山故居纪念馆地处珠江三角洲腹地的翠亨村。近年来，在改革开放、珠江三角洲进入商品化和工业化的社会大潮中，我们明确前进方向和业务发展道路，找准和唱好业务工作主旋律。面对着接踵而来的各种代表时代气息的潮流，我们积极创新；然而，作为文物工作者，我们保护文物的使命，我们肩负着坚持"守旧"——守护历史文化，努力处理好"守旧"与创新的关系，在保护文物及其环境方面"守旧"求发展；同时，以新的思维观念和现代系统理论为指导，运用现代技术手段在业务和管理的内涵上求提高。

二

保护孙中山故居及馆藏文物的安全，是我馆工作的核心。然而，文物保护不仅是保护文物本身，也包括对文物周边环境的保护。我们坚持保护文物及其环境求发展。"守旧"——守护历史文化遗产，是文博工作者永恒的主题。

我们对孙中山故居的文物环境实施有效的抢救和保护，并在此前提下合理的开发利用。博物馆具有文化与旅游的双重属性，在处理博物馆与旅游景点的关系时，我们始终把自己定位为博物馆，其次才是旅游点，努力营造自己的高雅文化品位与深厚的历史内涵。没有深厚历史文化内涵的（人文）旅游景点，是没有生命力的。博物馆在一般旅游景点的共性中，更应该追求自己的个性；在注重"经营"博物馆的同时，也更应该注重突显博物馆的个性。

为此我们始终注重保护文物环境风貌、保持孙中山故居环境的严肃性。发挥和利用所拥有的由孙中山及其故居的影响力所形成的巨大的无形价值，经营自己的主业——文物环境。

## 1. 建立翠亨民居展示区

近年来，一些地方不断出现文物保护与基本建设的矛盾与冲突。"发展旅游是振兴经济的万应灵丹"的浮躁思维付诸实施，使文物保护单位及环境面临着建设性的破坏，有些单位还变成了旅游企业，模糊了自身的博物馆形象。

在一些地方大兴土木、拆旧建新之际，我们却为了保护孙中山故居的周边环境，在拆新护旧。我们陆续控制了孙中山故居周边的旧民居，开辟了"翠亨民居展示区"，紧扣清末的翠亨村这一主题，再现孙中山出生与成长的社会背景，并以此透视珠江三角洲的民俗风情。我们坚持有特色才有生命力的理念，突出孙中山故乡的人文景观和自然景观，抢救和保护了一批清末民居及民俗文物；在孙中山故居与村民住宅之间形成了防护带，保证了孙中山故居的安全，保护了环境风貌。翠亨民居展示区以其立体形象丰富了孙中山生平陈列有限空间所不能表达的内涵。

## 2. 建立翠亨农业展示区

继翠亨民居展示区之后，我们又开辟了"翠亨农业展示区"。在农民洗脚上田的时候，我们为保护孙中山故居的环境风貌脱鞋下田。

翠亨农业展示区原是土名为"龙田"的一块耕地，面积60亩左右，其中有2亩多是孙中山和他的父辈耕作过的地方。我们保留了原来的水稻田，另外开辟了

"作物种植区"，种植了约二百种作物，设置了"水稻耕作农具展览"和"禽畜饲养区"，以及介绍珠江三角洲特有农业生态的"桑基鱼塘区"，并且还有介绍无土栽培等现代农业方式的"现代农业展示区"。

透过农业展示区，使青少年一代了解农业、了解农村、了解农民、了解孙中山出生成长的社会历史环境。它进一步充实、丰富了本馆的展示体系，更好地发挥全国爱国主义教育示范基地的作用，更好地实现本馆社会教育的职能。

### 3．保护翠亨村整体环境风貌

翠亨村中留存着许多与孙中山及其革命活动有关的遗址和其他遗迹，许多建筑物也保留着清代的建筑风格与艺术。我们在注重保护好全国重点文物保护单位——孙中山故居的同时，保护好村中的广东省文物保护单位杨殷故居和陆皓东故居及周围20多处文物点。我们还在不断扩大管理范围，以翠亨村整体环境风貌来烘托孙中山故居以及其他文物点。

为此，本馆制定了环境规划建设的原则："以孙中山故居为中心，保护文物及其环境，营造朴素、庄重、高雅、有深厚历史和文化内涵的纪念氛围；保护翠亨村清末民初及其之前风格的建筑物，适当保留20世纪80年代及之前各时期的建筑物，逐步改造或拆除近年所建的、没有留存价值的、与环境不协调的建筑物；严格控制新建筑物；新设计建设的建筑物，统一在清末旧民居或孙中山纪念馆两种风格上；保护绿化，允许灌木和草地适当调整，原有的乔木不得随意移动和砍伐；适当增加历史、民俗或纪念题材的艺术品。统一规划，分步实施。"

### 4．保护文物环境求发展

我们扩大范围，充实和丰富展示内涵，都坚持和紧紧围绕以"孙中山及其成长的社会环境"这样一个主题。本馆的展示体系突破了一般名人故居、纪念性博物馆传统的旧居复原加辅助陈列的二元模式，突破了展品－展柜－展墙的框子，使用占地8万平方米的空间，形成了以孙中山故居复原陈列、孙中山生平史绩陈列、孙中山亲属与后裔陈列、翠亨民居展示区、翠亨农业展示区（我们还计划开辟杨殷、陆皓东纪念展示区）等多位一体的、兼具历史性和民俗性的、立体和多元化的展示体系。由此的增收还用于文物环境保护，形成了"保护－利用－创收－再保护－再利用－再创收"的良性循环。

守护历史文化遗产，是文博工作者的神圣职责。这种守护，比修建新形式的游乐设施、人工景观更有意义。我们保护文物环境，不断扩大管理和保护的范围，同时扩大了展示内容，扩大了自身拥有的资源。拥有资源便拥有发展的后劲。不可否认和值得深思的是，本馆近年创新的成果和现代化的物质基础却都来自"守旧"所取得的经济效益。

本馆由建馆初期只是管理孙中山故居扩大到目前占地14万平方米、从业人员120人的规模。我们在保护文物和环境的同时，也拓展了自身生存和发展的空间，在社会环境飞跃性的变化中也有效地保护了自己。我们把文物环境保护所取得的空间加以开发利用，建设发展成为国家4A级旅游区。我们的实践证明，文物及其环境的保护与旅游建设和发展非但没有矛盾，而且有效保护人文资源将进一步带动旅游的发展。

三

文博工作的"守旧"，并不意味着老态龙钟、破落冷清。文博工作者保护管理"古董"，然而自己的思维却不要变成"古董"。"守旧"的同时必须创新。创新为"守旧"服务，创新为了更好地"守旧"。"守旧"的过程本身也蕴涵着创新。创新是文博工作生命力的源泉。

1. 导入现代企业管理理念，增强自身活力

我们把企业管理的一些思维导入，事业单位实施企业化的管理，明确把本馆的"产品"定位为展览和服务，实行以人为本，观众至上的方针，改变单纯强调博物馆自身的业务的思维方式，明确博物馆必须服务观众的理念。博物馆的效益靠服务观众产生，新世纪的博物馆工作必须树立服务的理念。这些思维和理念付诸实践，使本馆有效地防止了僵化，维系了自身活力，在社会进入工业化和商品化的时候，经受住了社会大潮的冲击，使自己立于潮头而不败。

1995年起，我们把企业常用的CI设计思维引入，设计并施行本馆的CI系列，树立和提升自身的理念和文化，把握自己的灵魂和价值所在，突出本馆的鲜明个性，塑造和树立良好的自身形象，从形象获取效益。该系列设计实施多年来，经过不断的调整、修改、补充，日益完善。

2000年底，我们在全国博物馆系统率先导入ISO9001质量管理体系和ISO14001环境管理体系，尝试博物馆的管理与公认的国际标准接轨。两个体系的导入实施，提高了业务的规范性，提高了工作质量与水平；有效保护自然环境与生态，树立环境意识，改善了过去重视文物自身保护而忽视环境因素的情况，充分考虑环境因素对文物的影响，使受保护的文物本身及周围一定的范围内的环境质量得到提高。

聘请顾问指导和帮助本馆开展各项工作。聘请法律顾问，在业务活动中，特别是在文物环境的保护所涉及的社会经济关系中，法律顾问有效维护了本馆的权益。法律顾问提供培训服务，提高了本馆人员的法制意识和水平。聘请管理顾问，维系本馆依据相关体系标准运行管理工作，培训员工提高管理、质量和环境意识。聘请业务顾问，指导征集、保管、展示、研究、社会教育等博物馆业务工作，培训业务人员。除上述常年顾问外，本馆还临时聘请专家，开展各项业务咨询和培训。对全体员工进行礼仪培训的做法，本馆已坚持多年。

2．运用现代技术手段开展业务和实施管理

我们在使用现代技术手段陈列的同时，更注重把现代技术手段运用到陈列及环境的管理方面。我们完全赞成配合展示内容使用现代技术辅助陈列，但是，应处理好技术手段与展示内涵的关系。历史题材的博物馆展示的是历史文化而不是为了展示某科技手段，适度使用声、光、电技术，防止电子游乐场式的"五光十色"的浮躁破坏朴素、庄重、高雅的历史文化氛围。为此，我们更多地把机电设备和现代技术应用在陈列的幕后。

本馆使用的机电设备主要有：

空调运行管理系统。使用了电脑集控系统，在监控中心监控空调系统的主机、水泵以及各展厅和库房的空调、换气系统的运行，达到了管理的自动化和智能化。恒温恒湿设备采用了模块化组合的机组。

安防系统。由闭路电视、电子门禁、电子巡逻系统，红外、微波、震动传感，有线、无线传输等多技术手段组成了立体的防盗防入侵系统；集中控制和管理的自动气体灭火系统和自动水喷淋灭火系统及防火自动警报系统，构成了可靠的消防体系。

多功能的报告厅。电影放映设备、数码展台和多媒体投影设备、数字音响设备、电脑数字控制的灯光设备等，为学术讲座或研讨报告会等活动提供良好的设备条件。

电脑网络系统。1994年5月本馆组建内部局域网；1998年7月开通了在国际互联网上的本馆网站系统，在全国同行中起步较早。

上述设备与本馆内部电话网络、电脑多媒体展示系统、导游查询、影视点播、照明电梯等设备联动等系统配合，连接监控中心和电脑中心机房，组成了管理、运行、控制、办公等方面的自动化、数字化、智能化系统，并具备远程办公的技术条件。本馆的大型数据库系统已初步完成。

　　1993年，本馆与相关部门合作，启动孙中山仿真机器人的研制项目，在全国博物馆中率先研制仿真机器人辅助陈列，该项目无论是控制机械方面的自由度和外形方面的仿真度都体现了当年国内机器人研制的最高水平。到目前为止，一些技术指标仍保持着我国仿真机器人研制的纪录。

　　3．现代化的理念与手段促进业务水平的提高

　　我们在"孙中山故居纪念馆"的基础上，组建了"中山市民俗博物馆"、"中山市孙中山研究所"和"逸仙图书馆"，以此夯实业务基础，打破业务单一的状况，拓展业务面。我们在实现博物馆业务职能的过程中，积极创新思维，探索科学合理的业务规范和管理办法，推动和促进本馆文物保护、管理、研究与利用的水平。

　　1999年落成的本馆展览和业务综合楼——孙中山纪念馆，其建筑与装饰完美和谐，内外风格浑然一体，现代理念与传统材料、历史文化内涵与技术手段有机结合，陈列内容与形式高度统一，得到了各方面的充分肯定。其设计，荣获广东省优秀建筑设计一等奖和建设部优秀设计二等奖；其施工，荣获广东省优良工程奖；其装饰（含机电设备），荣获全国建筑工程装饰金奖；其陈列，荣获全国十大陈列展览精品奖，国家文物局为此在本馆召开了现场会议。

　　本馆在策划、组织做好形式灵活多样的普及性社会教育工作的同时，注重做好相关研究工作，近年来不断推出专题展览和出版图书等研究成果。其中《孙中山与宋庆龄》荣获中国图书奖、广东省"五个一工程"奖、广东省精神文明产品精品奖、广东省优秀社会科学研究成果奖、广东省宣传文化精品奖等；与本馆基本陈列配套的两本图册《伟大的民主革命先驱——孙中山》、《孙中山的亲属与后裔》，观众可通过购买图册，把展览的内容"带

走"，体现了为观众服务的理念。

最近，我们完成了《中国历史文化名村——翠亨村》的申报材料；我们正在配合华南理工大学编制《翠亨村孙中山故居保护区规划》；我们将推出《孙中山与翠亨历史文化丛书》等新成果。

本馆围绕业务主题，经常参与策划、组织孙中山研究的国际学术讨论会和其他业务会议，例如：全国十大陈列展览精品颁奖暨学术讨论会、纪念孙中山、纪念郑观应、纪念杨殷、纪念陆皓东等活动和会议等。我们与海内外专家和相关机构建立了广泛的业务联系与交流合作关系。本馆也支持、参与和资助了相关的项目研究。我们还参与了中山市的孙中山与近代社会相关的史迹调查评估、出版物编辑、展览制作等工作。我们与广东省社会科学院合作，在本馆建立了"广东省社会科学院孙中山研究基地"；与中山大学合作，在本馆建立了"中山大学中国近现代史教学实践基地"。

### 4．注重锻炼和培养现代化的队伍

通过人才引进和岗位培训相结合的办法，本馆队伍的整体素质得到提高，形成了具有不同层次、多种专业技术人员的队伍结构。我们从实际出发，柔性管理和刚性管理相结合，增强员工队伍的凝聚力。严格的纪律规范和工作规范是维系队伍凝聚力的重要方面。通过导入国际质量和环境管理体系，使员工树立较好的质量意识、服务意识和环境意识，由此而产生的社会效益、经济效益和环境效益，由此而产生的本馆的各种荣誉，由此而带来的本馆各项业务的蓬勃发展，凝聚了队伍。

为员工提供良好的生活服务，创造良好的工作条件，安排好员工福利，解决员工的后顾之忧，是使员工心情舒畅、安心做好工作的不可忽略的方面。

以项目锻炼人，是培养、提高队伍素质和水平的有效手段。通过参与国家社会科学研究项目，承办和协办各种大型学术讨论会，组织策划各种展览等，使本馆人员的科研、业务组织能力，学术水平通过实践得到提高。

借此建馆50年之际，感谢历届馆长和全体员工为本馆事业所付出的努力；感谢为本馆建设发展和日常业务运作提供保障而工作在幕后的同事；感谢由于各种原因已离开本馆，曾经为本馆做过有益工作的每一个人；感谢所有曾经帮助和支持本馆工作的（国内外的）每一个单位、每一个人。50年的历程，我们得到的帮助太多，更有为本馆提供了支持和帮助而不愿留名或未能留名者，恕我们实在无法列出一个准确完整的芳名录。

我们走过了50年，值得庆贺，但这并不代表明天。我们将以明确的定位和目标统揽全馆工作，坚持创新思维、谦虚谨慎、戒骄戒躁，高标准规划建设、高质量产品服务、高效能运行管理，探索"经营"博物馆的道路。借此纪念建馆50周年，我们将激励自己向着更高的目标不断向前迈进。

孙中山故居纪念馆

2006年10月

概

況

1．2006年翠亨村鸟瞰

2. 翠亨村夜色

3．20世纪20年代翠亨村航拍照

4．2002年翠亨村航拍照

5．孙中山故居公园大门

6．孙中山故居

7. 本馆展览、业务综合楼——孙中山纪念馆

8. 翠亨民居展示区

9. 翠亨农业展示区

来访贵宾

10

11

10-11．2004年12月，中共中央总书记、国家主席、中央军委主席胡锦涛（左一）视察本馆并签名留念。

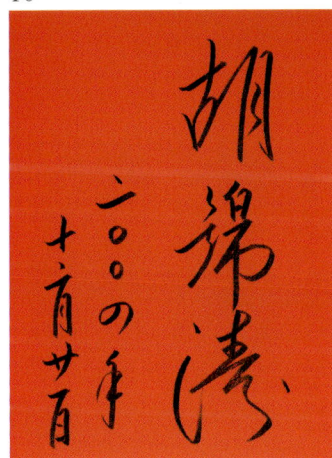

12. 2004年2月，中央军委主席江泽民（右）视察本馆，中共
    中央政治局委员、中共广东省委书记张德江（左）陪同。

13

13—14. 中共中央政治局常委、全国人大委员长吴邦国（左四）
　　　1998年11月参观本馆（时任国务院副总理）并签名留念。

14

15

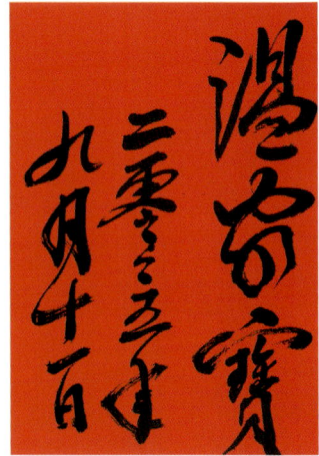

16

15－16．2005年9月，中共中央政治局常委、国务院总理温
家宝视察本馆并签名留念。

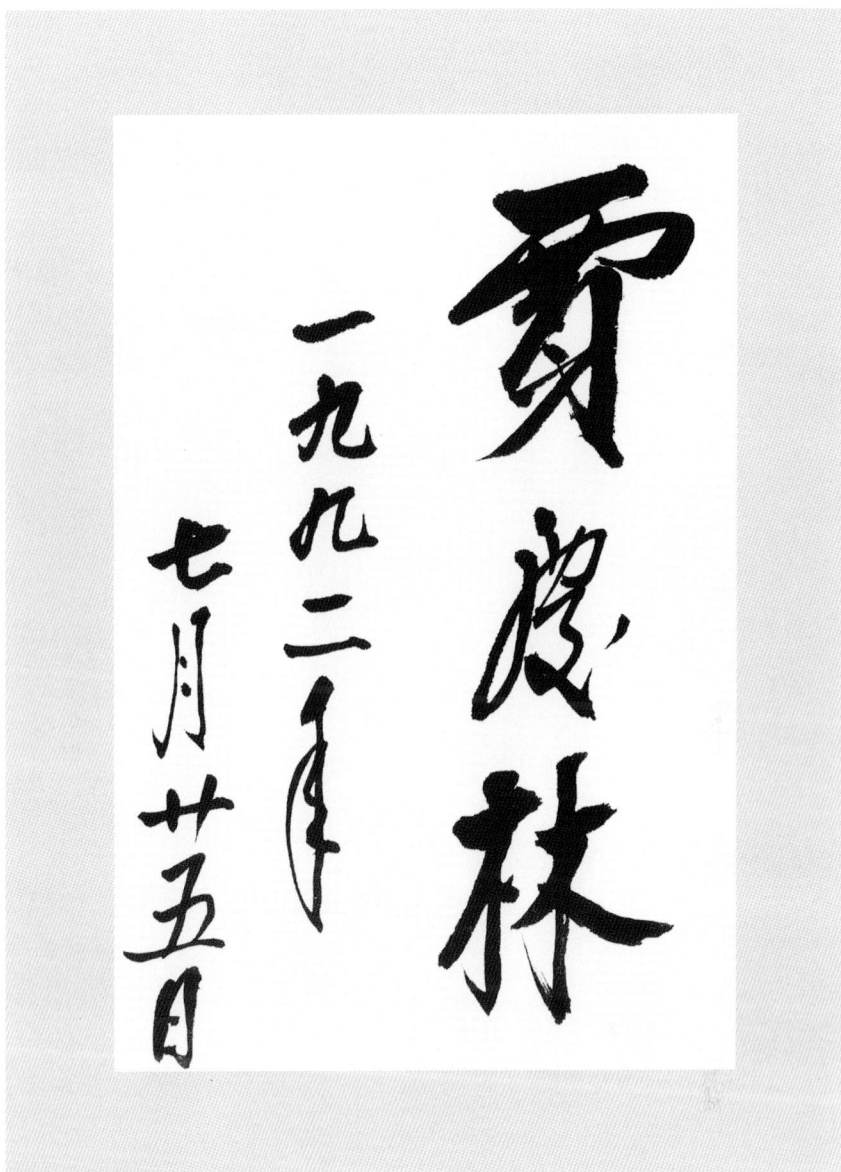

17. 中共中央政治局常委、全国政协主席贾庆林1992年7月参观本馆
时的签名（时任福建省省长）。

18

18-19. 中共中央政治局常委、国务院副总理黄菊（左四）1998年10月参观本馆（时任中共上海市委书记）并签名留念。

19

20—21．2005年4月，中共中央政治局常委、中央政法委书记罗干（左四）参观本馆并签名留念。

22. 1959年，中共中央政治局常委、全国人大委员长朱德（右一）参观本馆。

23．1981年，中共中央委员会主席胡耀邦（右一）参观本馆。

24．1982年，中共中央政治局常委、全国人大委员长、中央军委副主席叶剑英（左一）参观本馆。左二为王震。

25．中共中央政治局常委、全国人大委员长乔石（左四）1985年10月参观本馆
（时任中央书记处书记、国务院副总理）。

26．1984年1月，国家主席杨尚昆（左四，时任中央军委常务副主席），
中共中央政治局委员、国家副主席王震（左五）参观本馆。

27. 1989年9月，中共中央政治局常委、全国政协主席
    李瑞环参观本馆（时任中央书记处书记）。

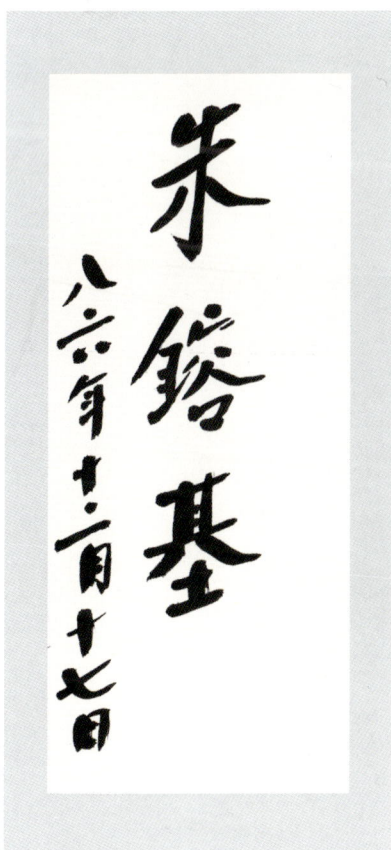

28. 中共中央政治局常委国务院总理朱镕基1986年12月参观
    本馆时的签名（时任国家经委副主任）。

29．1993年1月，中共中央政治局常委、全国人大委员长李鹏
　　参观本馆（时任国务院总理）。

30．1996年1月，原中共中央主席、国务院总理华国锋（前左一）
　　参观本馆。

31．2002年3月，中共中央政治局常委、中央书记处书记、中央
　　纪律检查委员会书记尉健行（前右一）参观本馆。

32．2003年2月，原中共中央政治局
　　常委、中央书记处书记、全国
　　政协副主席胡启立参观本馆。

33．1962年3月，中共中央政治局候补委员、国务院副总理薄一波（前排左三）
参观本馆。

34．1983年2月，中共中央政治局委员、全国人大副委员长廖承志（左一）参观本馆。

35．1984年8月，中共中央政治局委员、空军司令员张廷发（左四）参观本馆。

36．1984年12月，中共中央政治局委员、全国政协主席邓颖超（前右一）参观本馆。

37. 1985年2月，中共中央政治局委员吴学谦（左一）参观本馆
    （时任国务委员兼外交部部长）。

38. 1985年2月，中共中央政治局委员、全国人大委员长万里
    （左三）参观本馆（时任中央书记处书记、国务院副总理）。

40．1986年5月，中共中央政治局委员、全
国总工会主席倪志福参观本馆（时任中
共天津市委书记）。

41．1986年12月，中共中央政治局委员、中央书记处书记、国务院
　　副总理方毅（左）参观本馆（时任国务委员）。

42．1987年5月，中共中央政治局委员、中央政法委书记、全国人大
　　委员长彭真（中）参观本馆。

43．1987年9月，原中共中央政治局委员、中央书记处书记
　　宋任穷（左）参观本馆。

44．1988年2月，中共中央政治局委员、中央书记处书记、
　　国务院副总理田纪云（左）参观本馆。

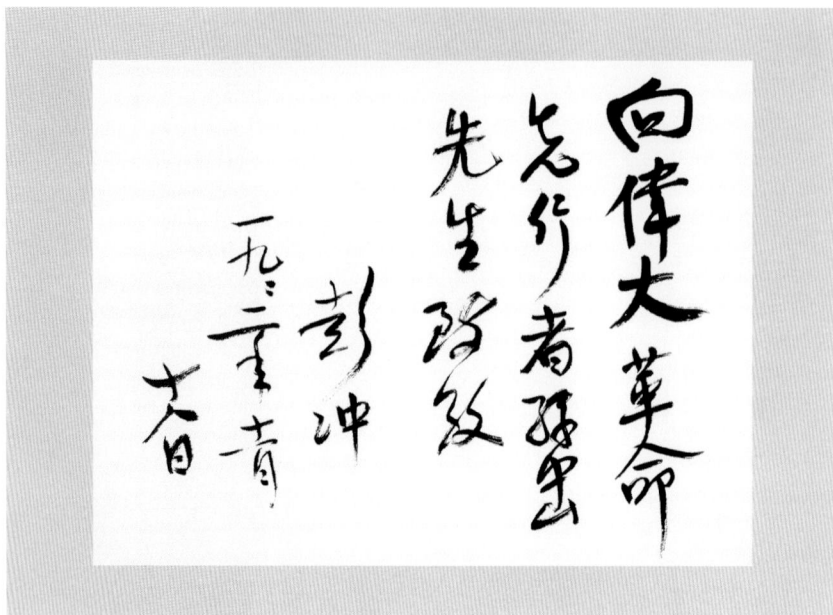

45. 1992年11月，原中共中央政治局委员、中央书记处书记彭冲参观本馆时的题字。

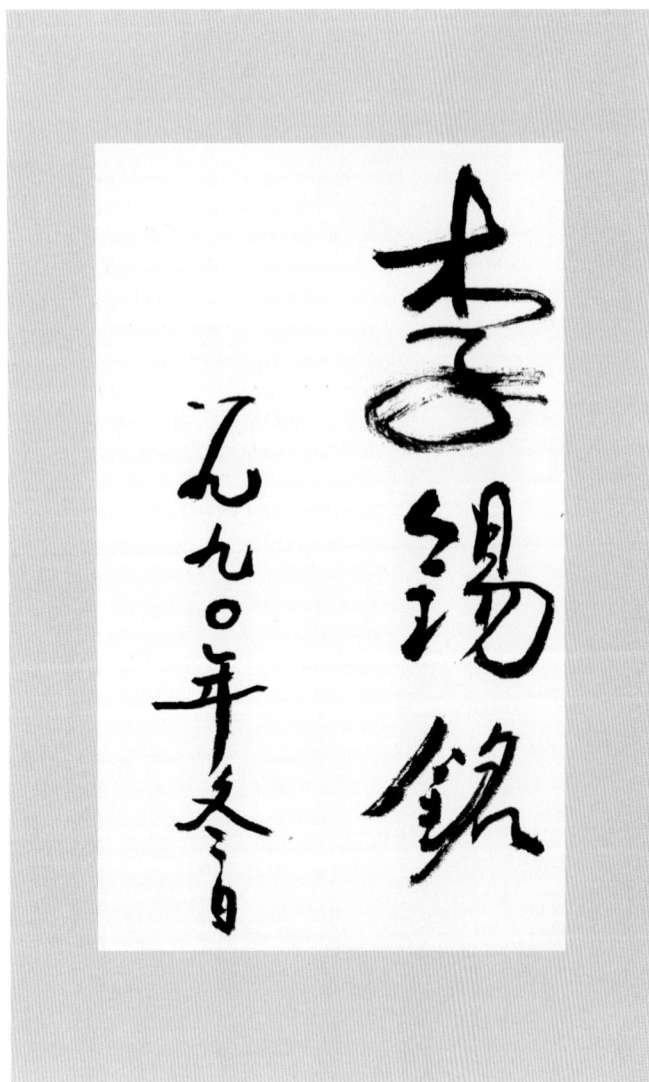

46. 1990年，中共中央政治局委员、全国人大副委员长李锡铭（时任中共北京市委书记）参观本馆时的签名。

47. 1995年1月，原中共中央政治局委员宋平（右二）参观本馆。

48. 1995年3月，中共中央政治局委员、中宣部部长丁关根（中）参观本馆。

49．1999年2月，中共中央政治局委员、全国政协副主席杨汝岱（左二）参观本馆。

50．2000年12月，原中央军委副主席张震（左）参观本馆。

51. 2002年1月，中共中央政治局委员、中央
    军委副主席、国务委员兼国防部部长迟
    浩田参观本馆。

52. 2005年1月，原中共中央政治局委员、国
    务院副总理兼外交部部长钱其琛（中）参
    观本馆。

53. 1961年，全国政协副主席沈钧儒（前左四）
参观本馆。

54. 1962年3月，全国人大副委员长郭沫若（左）
参观本馆。

55. 1982年2月，中共中央政治局候补委员、
全国人大副委员长赛福鼎·艾则孜（前左六）
参观本馆。

56. 1982年6月，国务委员陈慕华（前左三）
参观本馆。

57. 1983年1月，全国政协副主席何长工（左五）
参观本馆。

58. 1983年4月，全国政协副主席刘澜涛（左三）参观本馆。

59. 1983年4月，全国人大副委员长黄华参观本馆。

60. 1983年12月，全国政协副主席陈再道（左七）参观本馆。

61. 1984年1月，原全国政协副主席王首道（左二）参观本馆。

62. 1984年12月，全国人大副委员长廖汉生（前左二）参观本馆。

63. 1984年，全国人大副委员长王任重参观本馆的题字。

64. 1985年2月，全国人大副委员长韩先楚（中）、全国政协副主席肖华（左）参观本馆。

65. 1986年1月，全国人大副委员长阿沛·阿旺晋美（前左三）参观本馆。

66. 1986年3月，全国政协副主席赵朴初（前中）参观本馆。

67. 1986年11月，全国政协副主席周培源参观本馆时的签名。

68. 1987年2月，全国人大副委员长第十世班禅额尔德尼·确吉坚赞（前左二）参观本馆。

69. 1987年4月，全国政协副主席程子华参观本馆。

70. 1987年4月，全国政协副主席康克清（右二）参观本馆。

71. 国务院副总理康世恩1988年3月参观本馆时的签名（时任国务委员）。

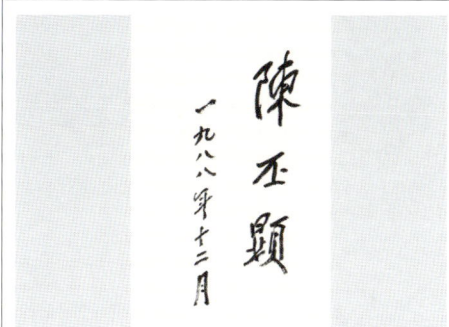

72. 1988年12月，全国人大副委员长陈丕显参观本馆时的签名。

73．1990年4月，国务委员兼国家科委主任宋健参观本馆时的签名。

74．1995年4月，全国人大副委员长、中国民主同盟中央委员会主席费孝通（右）参观本馆。

75．1995年6月，全国政协副主席董寅初（左）参观本馆。

76．1996年11月，全国政协副主席、中国社会科学院院长胡绳（左）参观本馆。右为历史学家刘大年。

77．1997年4月，全国政协副主席孙孚凌（右二）参观本馆。

78．1997年4月，全国政协副主席、中国国民
　　党革命委员会中央委员会主席何鲁丽
　　（前左二）参观本馆。

79．1997年5月，全国政协副主席万国权（左三）
　　参观本馆。

80．1997年5月，全国人大副委员长卢家锡（左）
　　参观本馆。

81．1999年1月，全国政协副主席张思卿（右）
　　参观本馆。

82．1999年1月，全国政协副主席任建新（中）
　　参观本馆。

83．1999年2月，原全国政协副主席吕正操
　　将军（左四）参观本馆。

84．2001年1月，中共中央委员、最高人民
　　法院院长肖扬（右）参观本馆。

85．2001年9月，原全国政协副主席马文瑞
　　（中）参观本馆。

86．2001年4月，全国政协副主席钱伟长（左）
　　参观本馆。

87．2001年10月，全国政协副主席叶选平
　　（前左二）与孙中山孙女孙穗英（前
　　左一）、孙穗华（前左三）参观本馆。

88．2002年2月，全国政协副主席钱正英（右）
　　参观本馆。

89．2003年1月，中央军委委员、中国人民解
　　放军总参谋长傅全有上将（中）参观本馆。

90．2003年11月，全国政协副主席罗豪才（左）
　　参观本馆。

91．2004年4月，全国政协副主席阿不来
　　提·阿不都热西提参观本馆。

92．2004年6月，全国政协副主席、全国工
　　商联主席黄孟复参观本馆。

93．1988年2月，杰出电影艺术家夏衍参观本馆。

94．1997年5月，原中国国民党中央副主席
　　林洋港（左二）参观本馆。

95．2000年11月，中国国民党中央副主席
　　吴伯雄（前）率中国国民党中常委委员
　　等参观本馆。

96．2001年9月，国际古迹遗址理事会世界
　　遗产协调员Henry cleert博士参观本馆。

97．2002年10月，第十一世班禅额尔德
　　尼·确吉杰布参观本馆。

98．2002年4月，台湾前行政院院长李焕（左）偕同儿子、台湾亲民党主委李庆国参观本馆。

99．2002年5月，台湾前行政院院长、中国国民党中央副主席郝柏村（左三）参观本馆。

100．2004年11月，航天员杨利伟参观本馆。

101．2004年2月，美籍华裔学者、1976年诺贝尔物理学奖获得者丁肇中（右）参观本馆。

102．2005年10月，著名环保人士梁从诚到本馆参观。

103．1986年1月，柬埔寨国王诺罗敦·西哈努克亲王（前左）参观本馆。

104．1986年12月，瓦努阿图共和国总统索科马努（左三）夫妇参观本馆。

105. 1987年2月，澳门总督马俊贤伉俪参观本馆并
题字，译文大意为："有人说，伟大的人物总
是朴素的，孙中山先生如此朴素的住房就说明
了这一点。"

Alguém disse que o que é grande
sempre simples. Estou de acordo.
e casa tão cheia de simplicidade dum
grande homem que foi o Dr. Sun Yat Sen
está bem que assim é de facto.
27 Fev.º 87
Joaquim Pinto Machado
Governador de Macau

106. 1987年7月，澳门护理总督孟
智豪参观本馆。

107. 1987年9月，新加坡副总理王鼎昌（右）参观本馆。

It is very obvious that Dr. Sun Yat Sen was a great man and most respected. We from Lesotho we came here to pay our respects. We are really thankful.

"Xie. Xie"

Mamohato Bereng Seeiso
Museum
Lesotho
Southern Africa
19/9/87.

109

108—109. 1987年9月，非洲莱索托王国皇后参观本馆并题词，译文大意为：“很明显，孙逸仙先生是一位深受人们崇敬的伟人，我们来自莱索托是为了向他表示敬意，非常感谢。”

The visit was a source of inspiration. Dr. Sun Yat-sen not only awakened the Chinese people but showed a way to freedom for the whole mankind. We in India rate him with the father of our nation Mahatma Gandhi.

Gen. Secy.
Congress(I)
28.8.90.

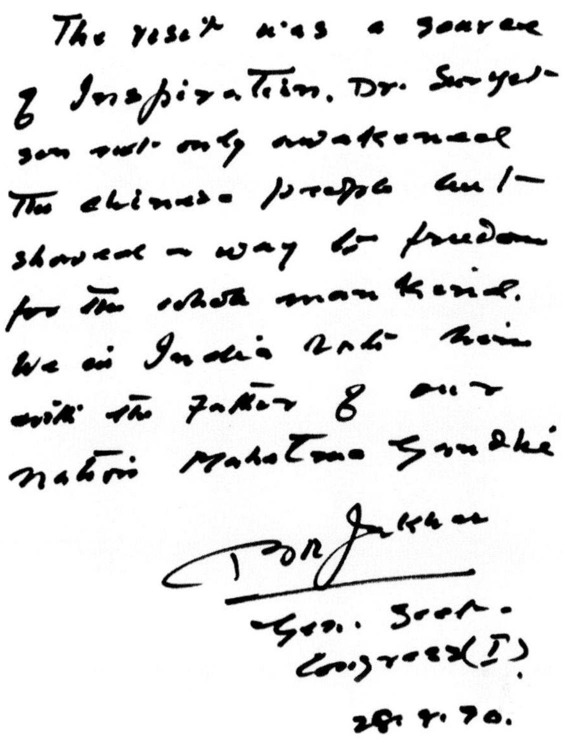

110．1990年8月，印度国大党（英）总书记巴尔·拉 姆·贾尔卡参观本馆的题词，译文大意为："我们的来访使我们获得了灵感，孙中山不仅唤醒了中国人民，也向全人类指明了一条自由的道路。我们在印度把他看做如同我们的国父圣雄甘地一般。"

В Советском Союзе с огромным уважением чтут память великого гуманиста и революционера доктора Сунь Ятсена. Сейчас особенно актуально звучит его завещание — крепить дружбу между Китаем и Советским Союзом. Желаем работникам музея успехов в распространении знаний об этом замечательном человеке.

21.10.90г.

Ю. Манаенков
М. Бурокявичюс
Г. Остроумов

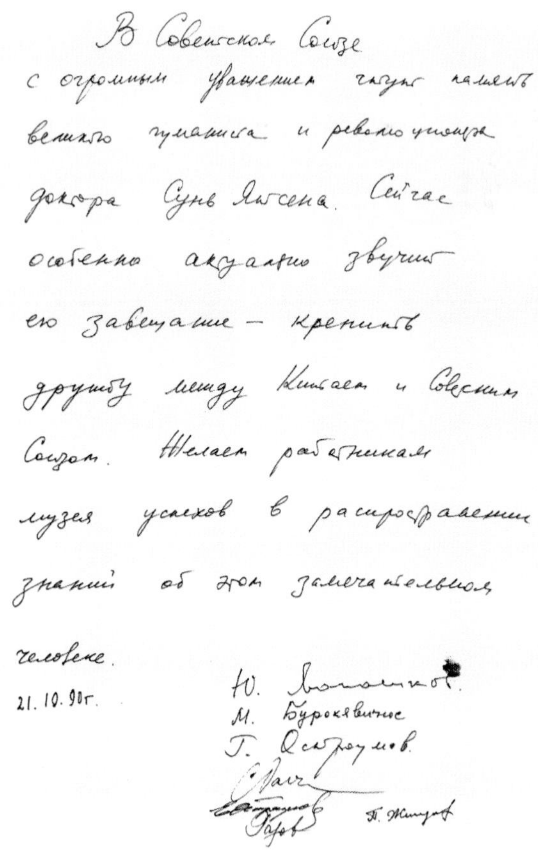

111．1990年10月，苏共中央书记马纳延科夫率苏联共产党代表团参观本馆时的题词。

112. 1999年12月，孟加拉国民族主义党总书记阿布杜尔·曼南·布当参观本馆。

113.1997年7月，泰国公主诗琳通（前右三）参观本馆。

114．2001年9月，老挝人民革命党中央委员、国会副主席奥占·坦马冯（前右四）参观本馆。

115．2002年4月，泰国王室成员诗丽瓦里·马希敦
　　公主（前右一）参观本馆。

# 展示体系

116

116-117. 孙中山故居

117

118. 孙中山故居客厅

119．孙中山大哥孙眉的卧室

120．孙中山的书房。孙中山在行医期间经常回乡在此为
乡亲治病，也曾在此起草《上李鸿章书》。

121．孙中山的卧室

122．孙中山故居厨房

123．孙中山1883年从檀香山带回种子并手植的酸子树

124．孙中山出生的祖屋旧址。这里原有
      一间4米宽、8米长的房子。1866年
      11月12日，孙中山出生在这里。
      1913年，孙家将该房子拆除。

125．本馆展览、业务综合楼——孙中山纪念馆外景。

126. 孙中山生平史绩陈列序厅

127

128

129

130

127—130．孙中山生平史绩陈列

131

132

133

131-133."孙中山的亲属与后裔"陈列

# 1999～2006年本馆举办部分临时展览目录

| 序号 | 展　览　名　称 | 时间 |
|---|---|---|
| 1 | 孙中山与澳门纪念展览 | 1999.12 |
| 2 | "孙中山与华侨"国际美术作品展 | 2000.3 |
| 3 | 中山市"旧貌·新颜"展览 | 2000.7 |
| 4 | 纪念孙中山先生诞辰134周年全国书法名家孙中山专题作品邀请展 | 2000.11 |
| 5 | "少年孙中山"大型连环画展 | 2000.12 |
| 6 | "翠亨杯"孙中山故居纪念馆摄影大赛作品展 | 2001.3 |
| 7 | 杨殷烈士纪念展览 | 2001.8 |
| 8 | 香山人与辛亥革命 | 2001.11 |
| 9 | 中山舰出水文物精品展览 | 2002.4 |
| 10 | "走近西部"（川西）摄影作品展 | 2002.7 |
| 11 | 孙中山与香山华侨 | 2002.11 |
| 12 | 武中奇书法作品展 | 2002.12 |
| 13 | 孙中山纪念邮票、货币展 | 2003.3 |
| 14 | 馆藏孙中山纪念品展览 | 2003.5 |
| 15 | 孙中山与香山华侨 | 2003.11 |
| 16 | 寻找黎民伟的足迹 | 2004.1 |
| 17 | 辛亥革命在省港澳 | 2004.2 |
| 18 | 方成漫画展 | 2004.6 |
| 19 | 孙中山与香山华侨 | 2004.9 |
| 20 | 纪念孙中山先生诞辰138周年中山市美术书画作品展 | 2004.11 |
| 21 | 孙中山与南洋 | 2005.1 |
| 22 | 不朽的丰碑——纪念孙中山先生逝世80周年 | 2005.3 |
| 23 | 崖口飘色展览 | 2005.9 |
| 24 | 纪念陆皓东牺牲110周年展览 | 2005.11 |
| 25 | 爱泼斯坦生平事迹展览 | 2006.3 |
| 26 | 宋庆龄在上海 | 2006.5 |
| 27 | "吾土吾民——近代广州地契文书及传统乡村社会" | 2006.8 |

134. "辛亥革命在省港澳" 展览

135. "孙中山与香山华侨" 展览

136. "爱泼斯坦生平事迹展览"开幕仪式

137. "爱泼斯坦生平事迹展览"

138．1999年9月，本馆举办的"孙中山与广东"展览在台湾国父纪念馆展出。

139．2003年11月，本馆与香港历史博物馆合办"孙中山与亲属——从翠亨到香港"展览在香港展出。

140. 孙中山试验炸药处——翠亨村
　　　"瑞接长庚"村门。

141. 铸铜雕塑"根"——孙
　　　中山童年常在此处听反
　　　清故事。

142．中山鼎

143．警世钟

144. 孙中山宋庆龄铸铜雕塑

145. 杨鹤龄纪念展览

◎ 翠亨民居展示区

146

147

148

146-148．翠亨民居展示区

149. 翠亨传统富有家庭外景

150. 翠亨传统富有人家书房一角

151. 民俗展览馆内景

152. 民俗展览的"新房"

153．翠亨传统豆腐制作家庭内景一角

154．传统厨房

155. 模拟的孙家内景

156. 翠亨传统中等农家外景

157. 古色古香的蚝壳围墙

158. 翠亨传统侨眷家庭内景

159. "龙田"是翠亨村的一块耕地的土名，孙家曾在此耕作。

160. 水稻耕作区

161. 机械化收割

162. 油菜花

163. 草莓成熟时

164. 传统的农具展览场景之一

165. 传统的农具展览场景之二

166. 无土栽培种植技术展示场景之一

167. 无土栽培种植技术展示场景之二

168. 用无土栽培技术种植的黄瓜

169．传统农业种植展示

170．桑基鱼塘——珠江三角洲传统的农作模式

171. 寮——过去贫穷人家住的房屋

172. 家禽区之一

173. 家禽区之二

## ◎ 杨殷、陆皓东纪念展示区

174. 翠亨村杨殷故居外景。杨殷故居为广东省重点文物保护单位，由本馆管理。

175. 杨殷故居客厅

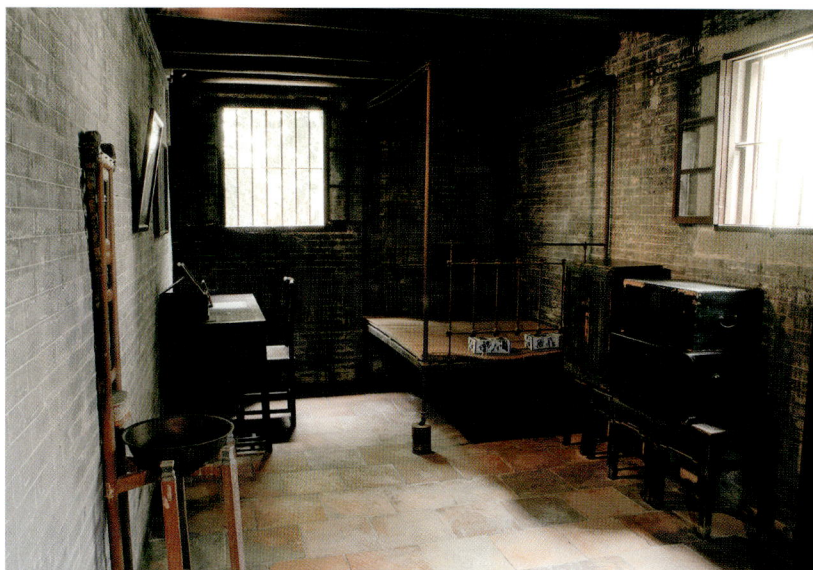

176．杨殷卧室

177．杨殷故居饭厅

178．陆皓东故居外景。陆皓东故居为广东省重点文物保护单位，由本馆管理。

179. 陆皓东故居客厅

学术研究

180．2002年11月12日，"中山市孙中山研究所"在本馆挂牌成立。孙中山长孙孙治平
（右）、 中共中山市委副书记李启红（左）揭幕。

181．本馆研究人员开展地方民俗的调查与研究，在中山市崖口村拍摄当地特色民俗
活动"崖口飘色"。

182. 拜访杨殷烈士女儿杨爱兰女士（右），调查杨殷烈士史事。

183. 到孙中山先代故乡东莞市长安镇上沙村实地考察时与当地孙族老人合影。

184. 采访孙中山长孙孙治平先生（右二）

185．到香港拜访孙家世交郑强的外孙林国材（前排右一）、外孙女林瑞英（前排右二），
调查孙中山家族史事。

186．制作孙中山题孙智兴母亲墓碑拓片

187. 本馆萧润君馆长（右）参加在台北举行的中山思想学术研讨
     会时与日本孙中山纪念馆馆长山口一郎合影。

188. 2003年3月12日，"广东省社会科学院孙中山研究基地"
     在本馆挂牌。

189. 2006年5月18日，本馆与中山大学签订共建"中国近现代
     史教学实践基地"协议。

190．2005年8月，本馆研究人员参加在上海举行的"纪念中国同盟会成立100周年"国际学术研讨会。

191．2003年3月，广东省社会科学院孙中山研究所原所长黄彦研究员在本馆
作关于《孙文全集》编纂情况的学术报告。

192. 2004年2月19日，澳大利亚社会科学院院士、悉尼大学历史系黄宇和博士（右四）在本馆作题为"海外孙中山研究动态"的学术报告。

193. 2004年4月11日，原广东省社会科学院院长、著名孙中山研究专家张磊研究员在本馆作"孙中山与近代中国"的专题报告。

194．2006年5月11日，中山大学历史系程美宝教授在本馆作题为"新文化史视野下博物馆的理念与实践"的学术报告。

195．2006年9月19日，中山大学历史系邱捷教授在本馆作题为"翠亨孙中山故居纪念馆馆藏文物的社会史解读"的学术讲座。

196．1996年2月，华中师范大学中国近代史研究所章开沅教授（右）参观本馆。

197．2000年11月，中山大学孙中山研究所段云章教授（左二）、近代中国研究中心桑兵教授（左三）在本馆。

198．2002年3月15日，台北中国国民党党史会原主委、台北中国文化大学史学所陈鹏仁教授（左三）及原广东社科院孙中山研究所所长黄彦研究员（左四）参观本馆。

199．2002年4月10日，著名孙中山研究专家、中山大学历史系陈锡祺教授参观本馆。

200．2002年5月4日，美国密苏里州堪萨市讷逊艺术博物馆馆长杨晓能博士（右二）到本馆参观。

201．2003年9月7日，香港历史博物馆丁新豹总馆长（左三）以及香港浸会大学历史系副主任
　　　李金强博士（左四）等一行到本馆参观及进行业务交流。

202．2004年4月22日，来自美国麻省的中学历史教师一行由哈佛大学费正清东亚研究中心傅高义
　　　(Ezra E. Vogel)教授（右三）带队前来我馆参观。

203．2004年11月，著名文物专家、国家文物局顾问谢辰生（左二）参观本馆。

204. 为实现本馆科学研究的业务职能，2005年11月12日，本馆"逸仙图书馆"挂牌成立，该馆将逐步建立孙中山研究文献资料库。

205. "逸仙图书馆"阅览室

206

207

206-207．中山大学孙中山研究所林家有教授、邱捷教授赠书专柜。

208．"逸仙图书馆"书库一角

209．本馆近年部分出版物

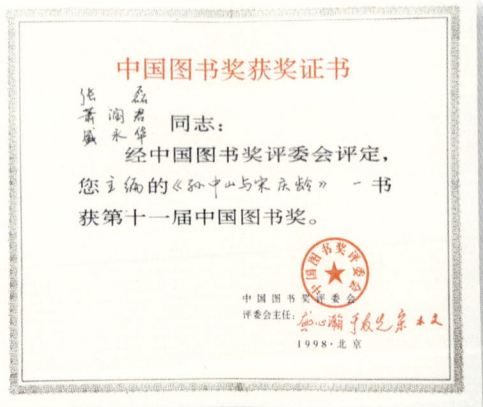

210

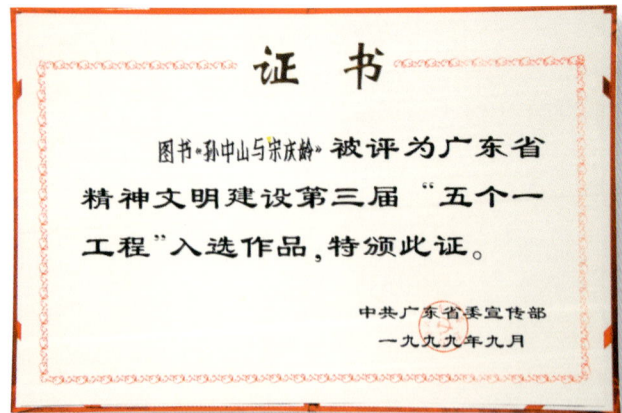

211

210-211．本馆编撰的《孙中山与宋庆龄》获中国图书奖、广东省宣传文化
　　　　精品奖以及广东省"五个一"工程奖等奖项。

212．1990年8月，"孙中山与亚洲"国际学术讨论会在翠亨召开。

213．1996年11月，"孙中山与中国近代化"国际学术讨论会在翠亨召开。

214．2000年11月，"孙中山与二十世纪中国的社会变革"学术讨论会在翠亨召开。

215．2001年11月，"辛亥革命与当代中国社会发展"学术讨论会在翠亨召开。

216. 2002年7月，纪念郑观应诞辰160周年纪念大会在翠亨召开。

217. 2002年11月，"文物保护与利用"学术研讨会在翠亨召开。

文物保护

218．中山市文物保护单位，孙中山接受启蒙教育的私塾——冯氏宗祠。

219．建于20世纪初的翠亨村围墙

220．杨兼善祠遗址

221．北极殿遗址

222．中山市文物保护单位——陆皓东烈士坟场

223．中山市文物保护单位——孙达成墓

224. 中山市文物保护单位——孙眉墓

225. 孙乾夫妇在其祖父孙眉的墓表旁留影

226．中山市文物保护单位——孙昌墓

227．孙昌长子孙满夫妇偕女儿孙雅丽在孙昌墓表旁留影

228．抗日烈士杨维学故居

229．孙中山的追随者、台湾兴中会创始人杨心如故居

230．抗日烈士杨日韶、杨
日暲兄弟故居

231．中山市文物保护单位——孙中山业师程君海故居

馆藏文物

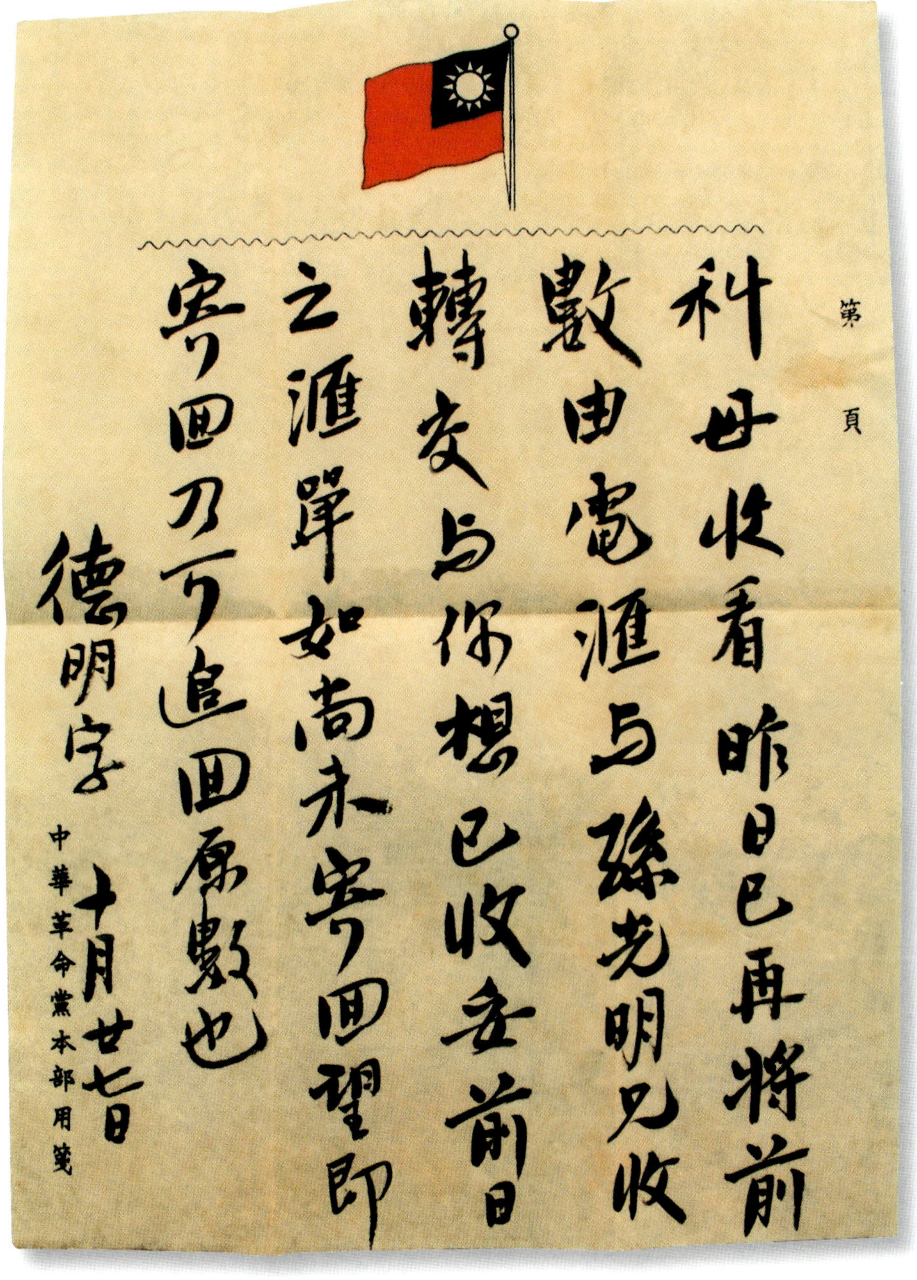

第頁

科母收看昨日已再將前

數由電滙与孫光明兄收

轉交与你想已收去前日

之滙單如尚未寄回望即

寄回刀刀追回原數也

德明字　十月廿七日

中華革命黨本部用箋

232．1915年10月27日，孙中山致卢慕贞函。

愛女婉姬收看 父今晚已行到第四個埠。即蘇夷
士運河。再六日便到坐臥。可告兩母親知之也。
父今欲汝兩姊妹。同去影一相。影好寄三四張去松
山阿哥處。叫他轉寄來我也
為外寄來第二第三兩埠之風影畫片數十幅。
包為一札。先金慶發轉交。餘事再示。並問候你
兩母親及各人平安 父字 西十二月二十号

233．1910年12月20日，孙中山致女儿孙娫、孙婉函。

234．孙中山题赠檀香山华侨杨广达"博爱"横幅

天下為公

山井先生屬

孫文

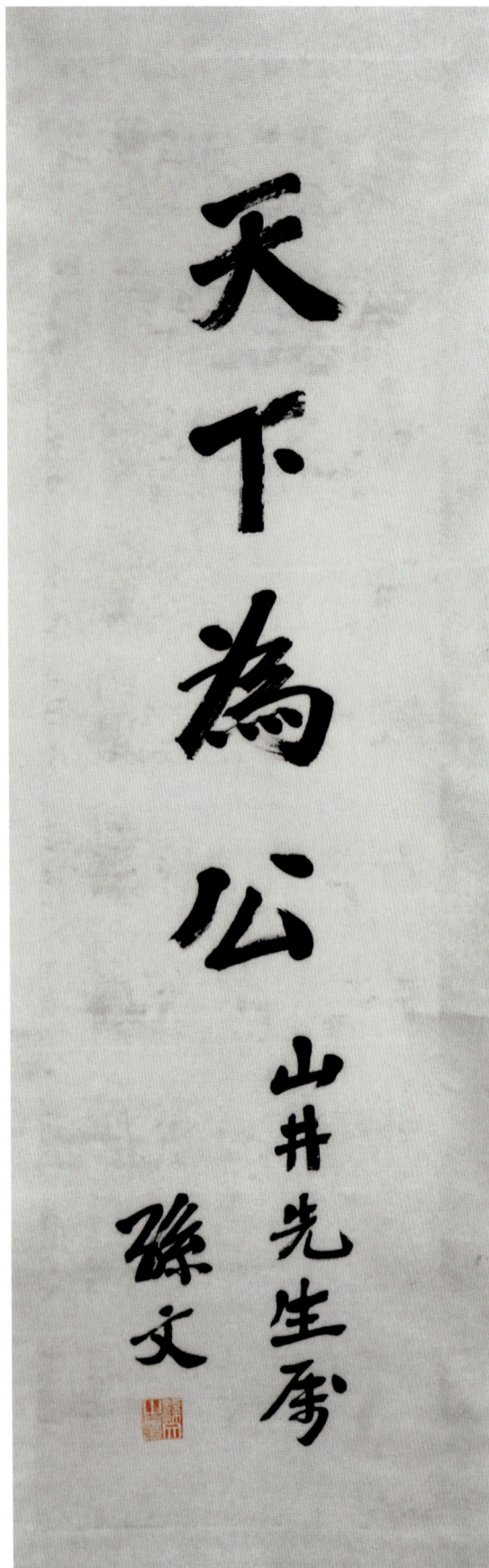

235．孙中山题赠山井先生"天下为公"立轴

後來居上

翠亨學校

孫文

236．孙中山题赠翠亨学校"后来居上"横幅

237．孙中山题赠朱卓文母亲陈氏的"教子有方"木匾

238．孙中山收藏的自著《建
国方略》（英文版）

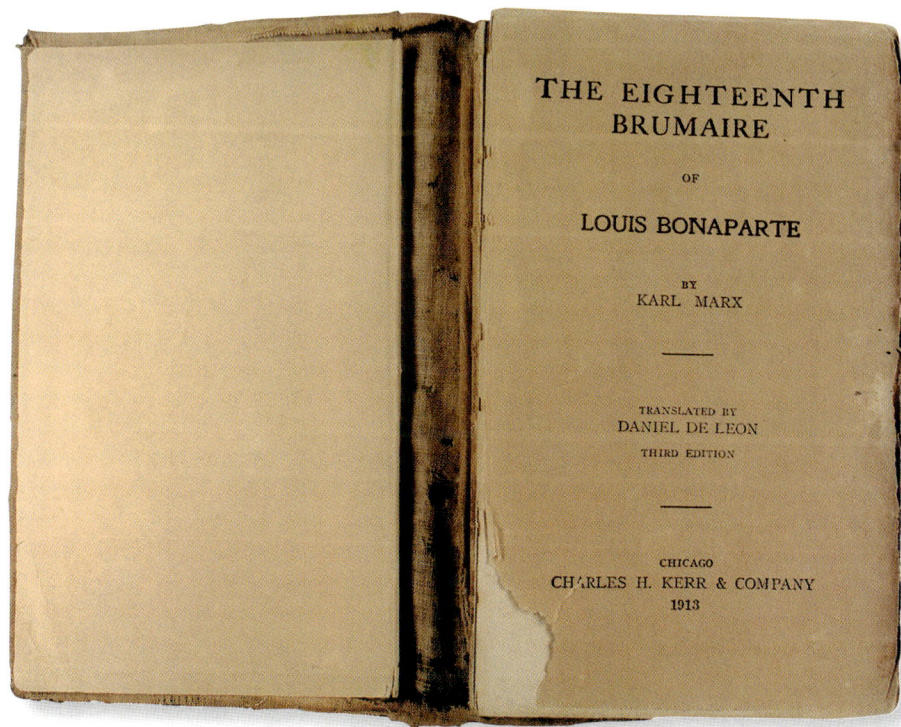

239．孙中山读过的马克思著《路易·波拿巴与雾月政变》（英文版）

240. 孙中山穿过的人字绒大衣

241．1912年5月27日，孙中山与亲人在翠亨孙中山故居门前留影。

242．1923年2月19日，孙中山在香港大学演讲后与师生留影。

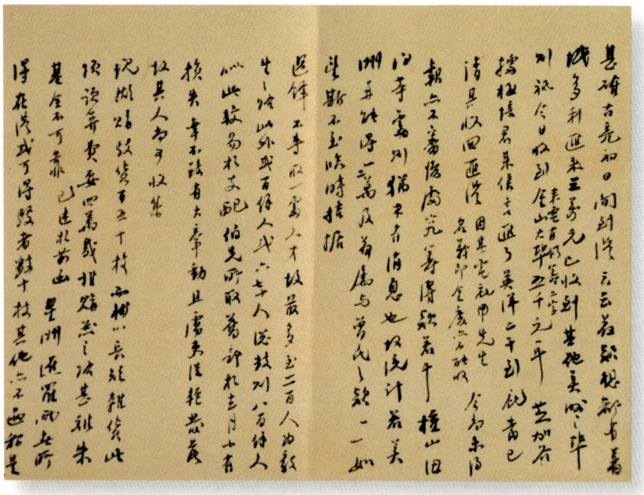

243

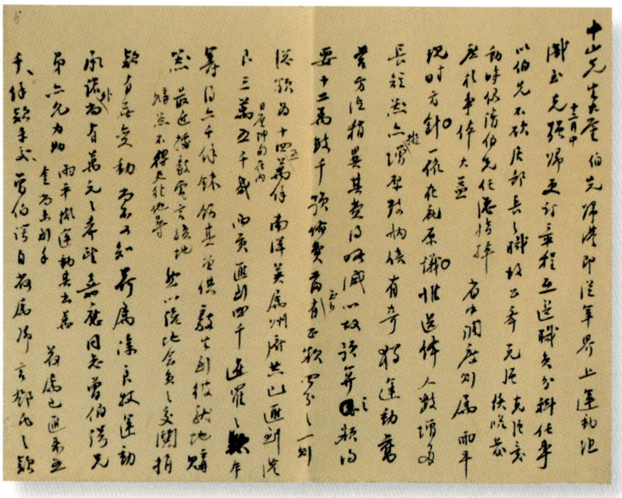

244

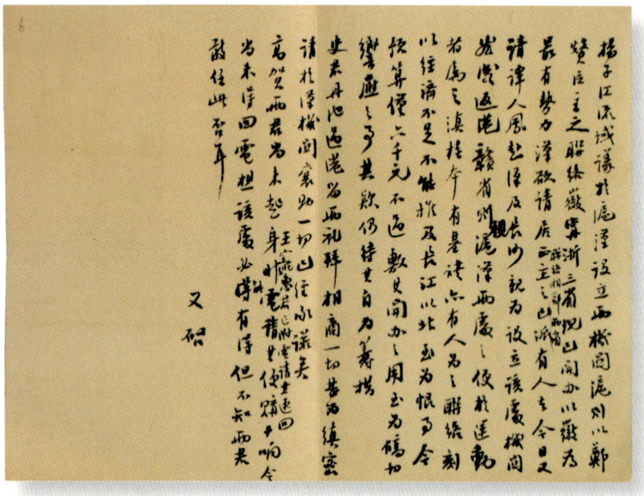

245

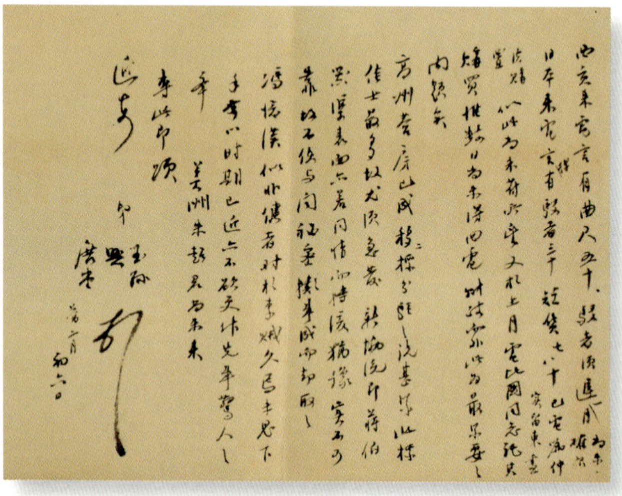

246

243-246．1911年3月6日，黄兴、赵声、胡汉民等关
于筹备广州起义致孙中山函。

Hartford, Connecticut,
January 2nd, 1912.

His Excellency
Sun Yat Sen,
Shanghai, China.

Dear Sir:--

You have been providentially called upon to head this wonderful Revolution which, within a short time, has reduced the Manchu regime to a cringing suppliant.

On the one hand, you have in behalf of 450,000,000 of the people of China, who have suffered oppression and depression for nearly three centuries, cried for a Republic, to give them freedom and independence for relief. Now that you have got these Manchus under your heels, let no political trimmers, however able and plausible their representations may be, entice you from your original and steadfast purpose of calling for a Republic. They may tell you that a Constitutional Monarchy is more in consonance with your national antecedence, more in harmony with your national tradition and associations; that a Constitutional Monarchy with a Privy Council, headed by such a man as Yuan Shi Kai as Premier, would guarantee you all the political safeguards promised. Don't you believe a word of this. Put no trust whatever in what Yuan Shi Kai may say to you through Tong Shao Yi, his mouthpiece. You may be sure they are all on the make. Who is Yuan Shi Kai? Did he not play the traitor to his master, the Emperor Kwang Shu, in 1898? Ought a traitor to be trusted? He is the man so much admired by the foreign diplomats in Pekin, who took advantage of the crumbling Manchu Dynasty, exacting by all manner of ingenious feignings till he got hold of the Premiership of the miserable opium sot, Prince Ching, then his lame leg all at once got well; he was able to move about trying to prop up the odious Manchu Machine, to take in China once more, having him as the chauffeur, to manipulate. Is such a man of deep designs to be trusted? He ought to be banished with the banished Manchus. His name, "Yuan", ought to be expunged from the national record of family names. He ought to be branded as a traitor in history, and forever held in execration by posterity.

The people of China in the plenitude of its sovereignty have called for a Republic and you, their Leaders, have seconded the call. The people's voice is the voice of God. (Vox populi, Vox Dei). Therefore, follow that voice and you will be all right. But there is yet another still, small voice, humming in my mind, which demands peremptory enunciation. It is this: After you have finished your glorious work of the disposal of the political power of the Manchus in China,

-2-

it is absolutely necessary that you should cling to each other closer than brothers. Under no circumstances and under no provocations whatever should you fall out with each other, plunge into intestine feuds and civil war.

I need not picture to you the dire consequences of anarchy and chaos. You know what they are yourselves. An internecine war is sure to bring on foreign intervention, which means partition of this magnificent country which a wise Providence has kept in reserve for the Chinese race, to build up a model Republic. Think of the glorious work your Revolution has opened up for you and posterity!

May He who rules all things, keep you in His fear and love, and finally gather you all in the fold of Christ who is the sum and substance of all things.

Faithfully yours,

Yung Wing

247

248

247—248. 1912年1月2日，容闳致孙中山英文函。

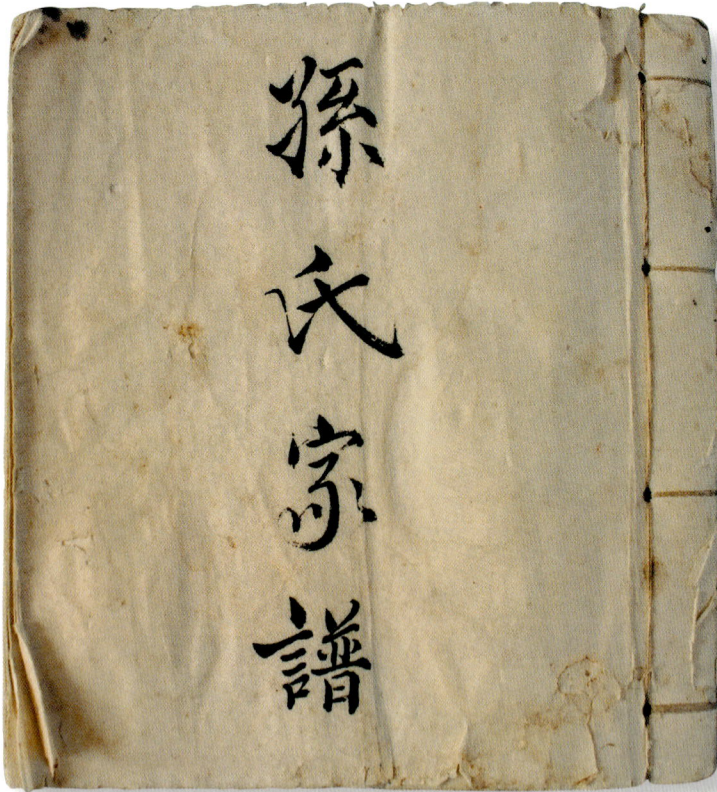

249—253. 翠亨《孙氏家谱》　　　　249

250

251

252

253

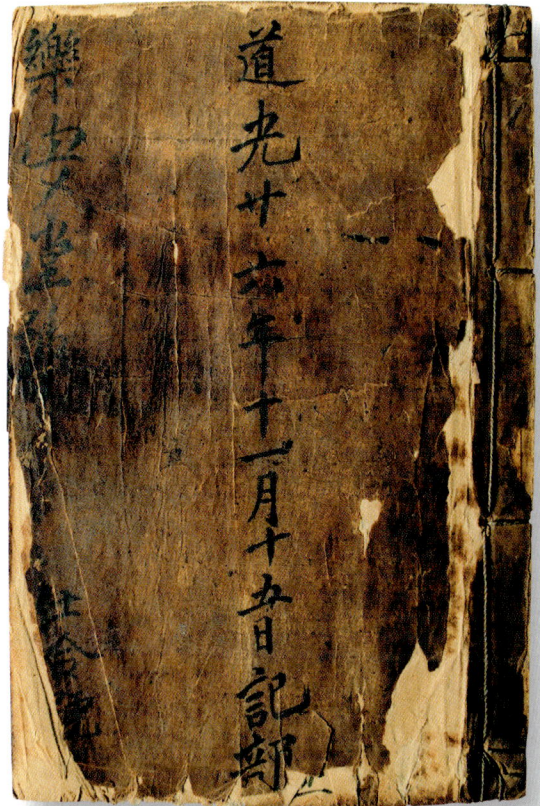

254—258. 翠亨孙氏祖尝帐册　　　　　　254

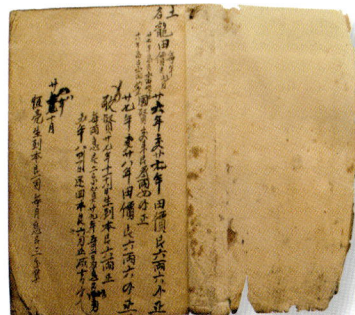

255

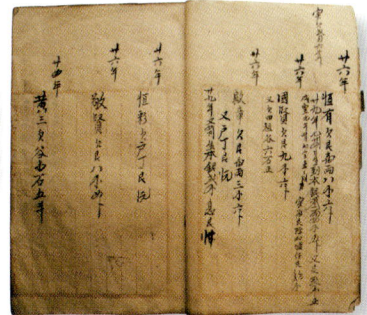

256

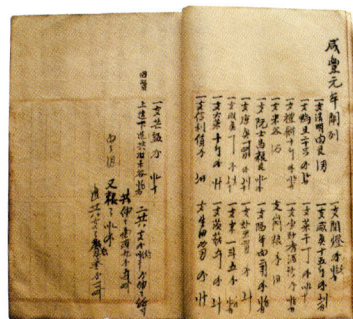

257

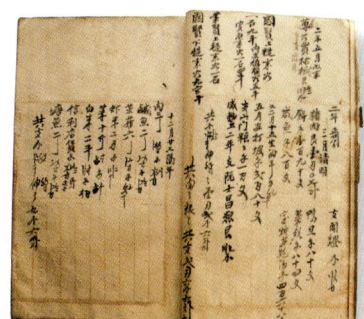

258

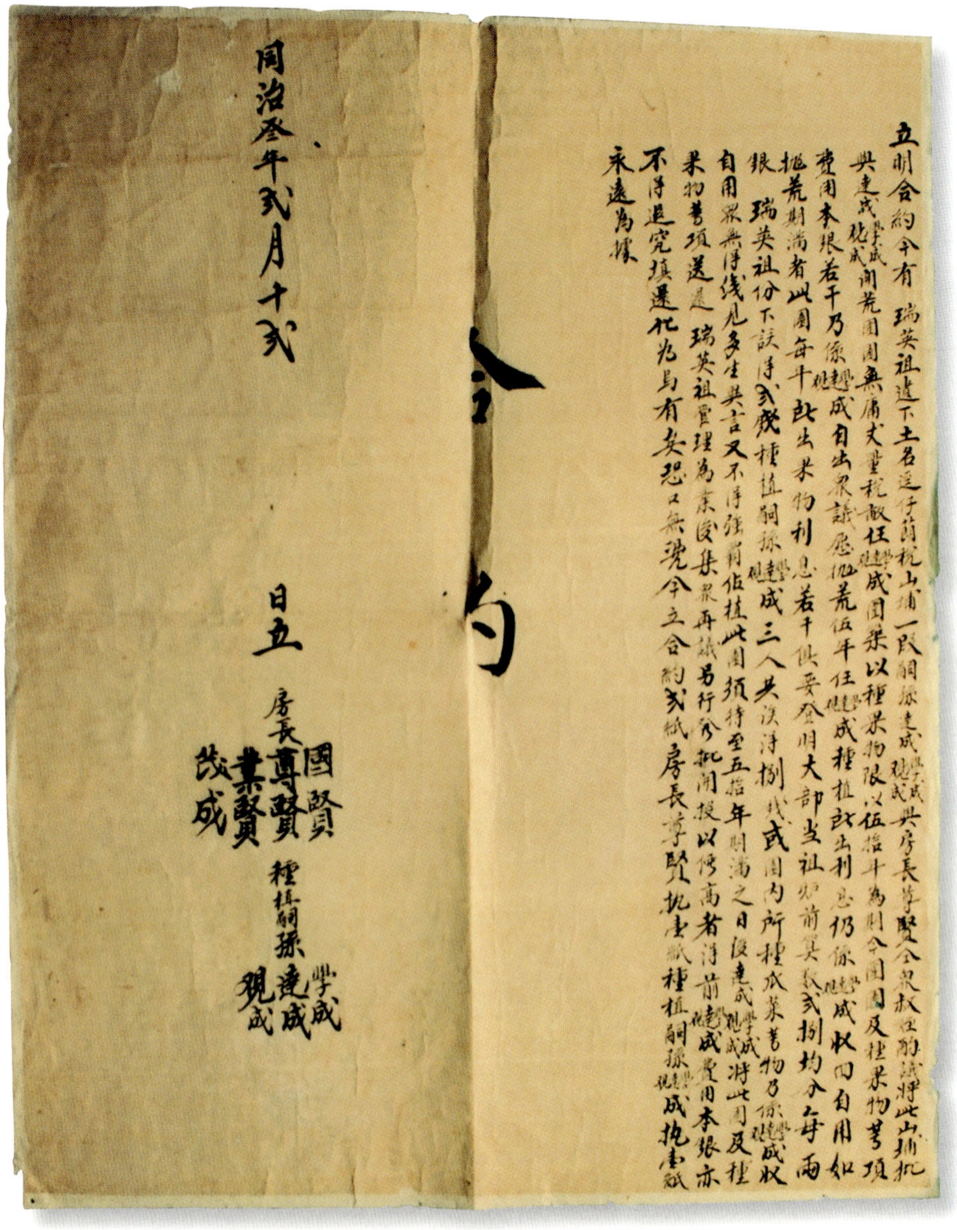

259．孙达成兄弟批耕祖尝山荒合约（清同治三年）

初六日收到 七叔祖代 賀四叔交信一函並銀
五十五元 立回收条為據
观恩手書

260

字奉
賀叔大人台前料必貴體康强財源順遂慰慰敬復者
初六日接到銀五十二元此數作為清楚另銀三元六
交 家母拜領蒙叔厚惠深感隆情並合家
幸賴粗安差堪告慰耑此敬請
財安
侄 观恩 字頓
附立收單一帋
初六日收到 賀叔还回銀五十二元此數清楚立回收
條是實
观恩手書

261

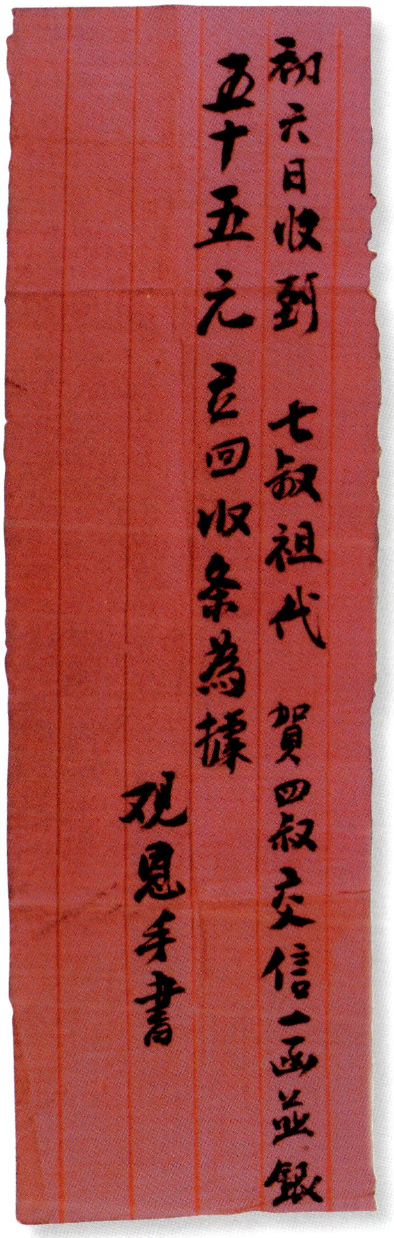

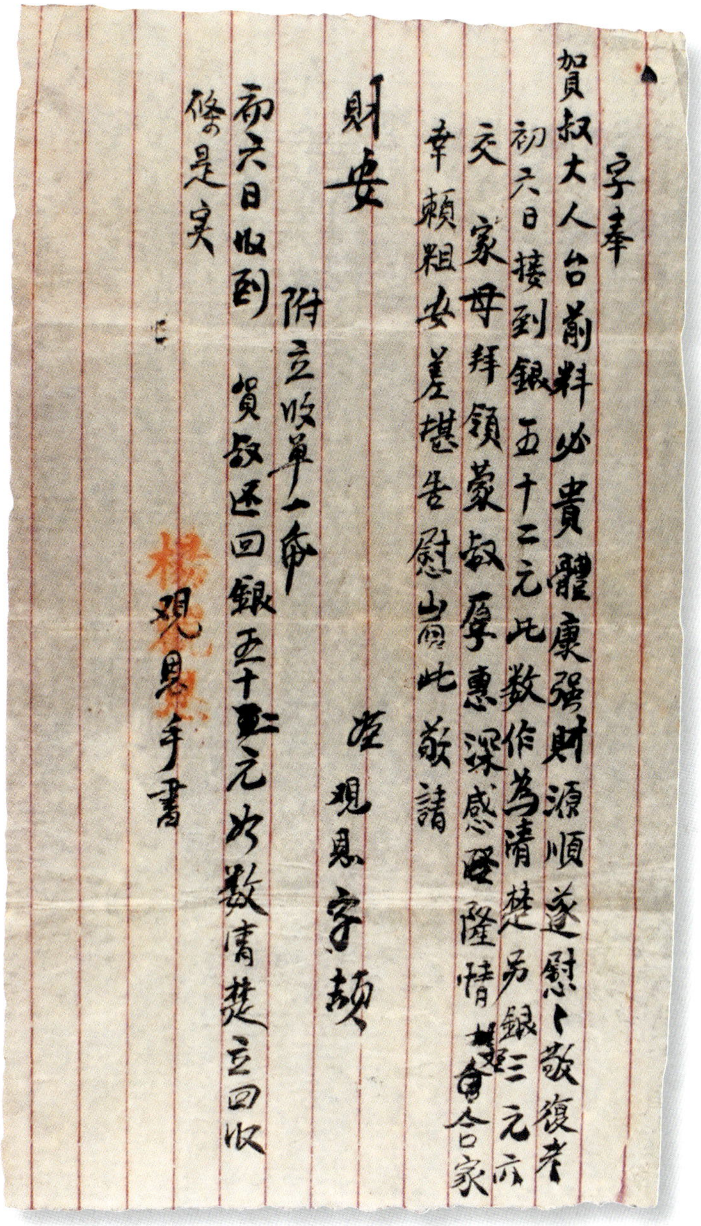

260-261．杨殷烈士关于收到杨启寿还款事致杨贺函

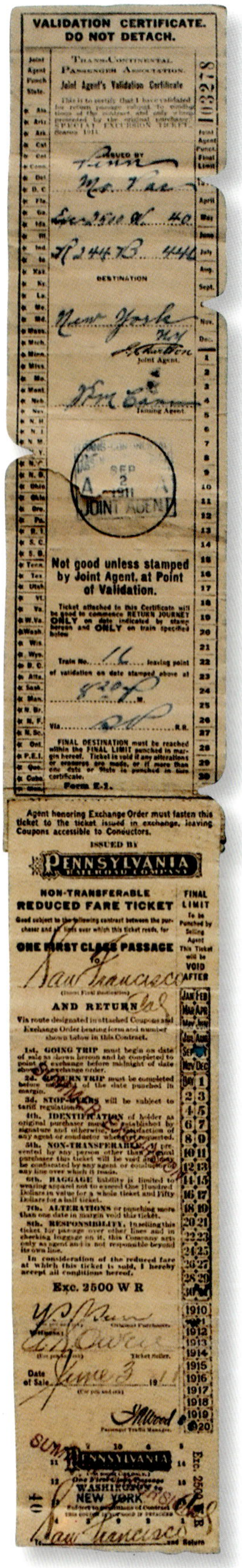


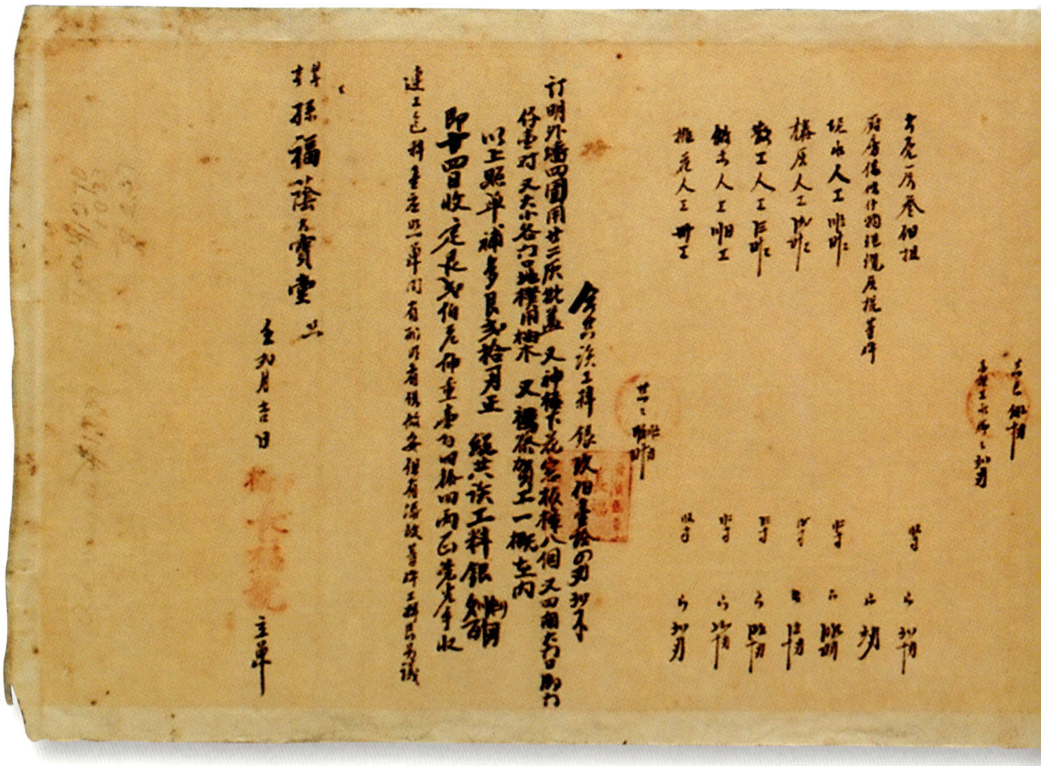

262. 武昌起义前后孙中山在美国使用的火车票

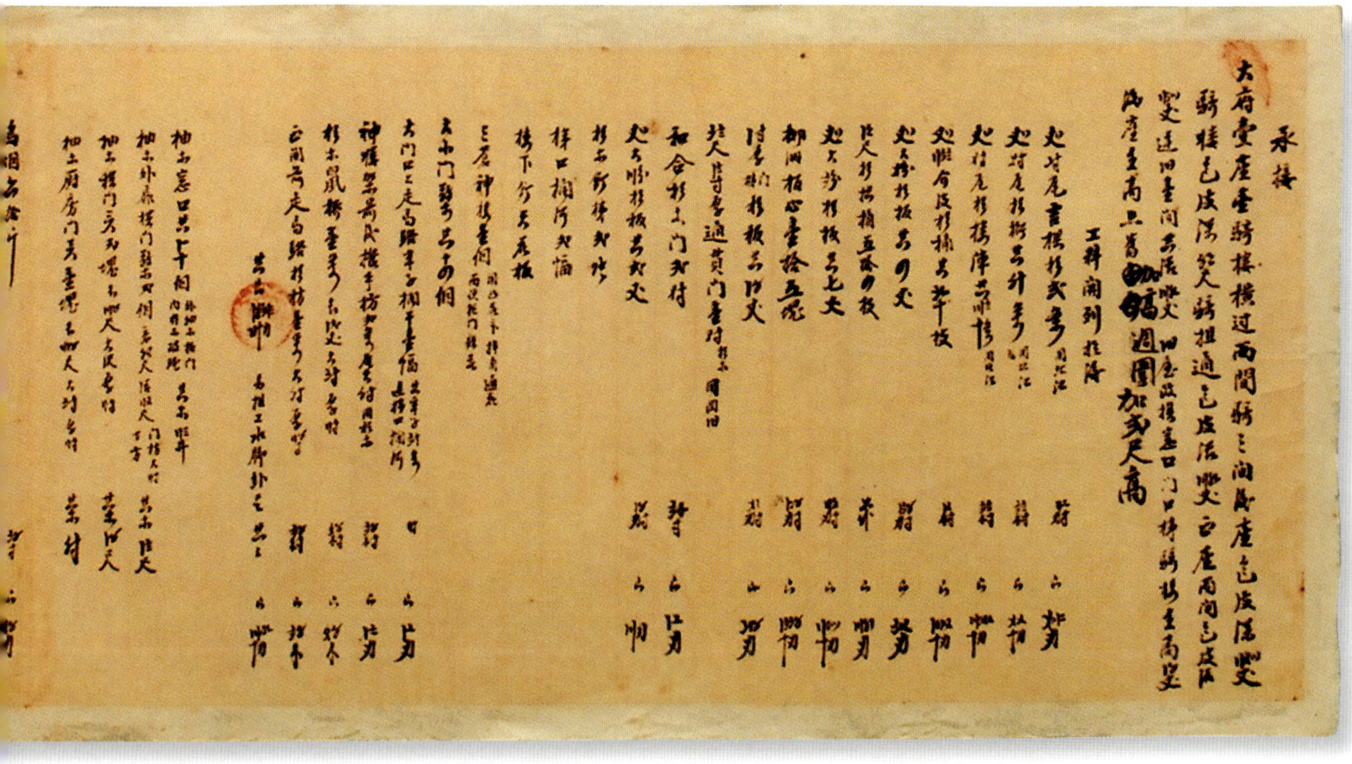

263．1892年，翠亨孙中山故居建筑工料报价单。

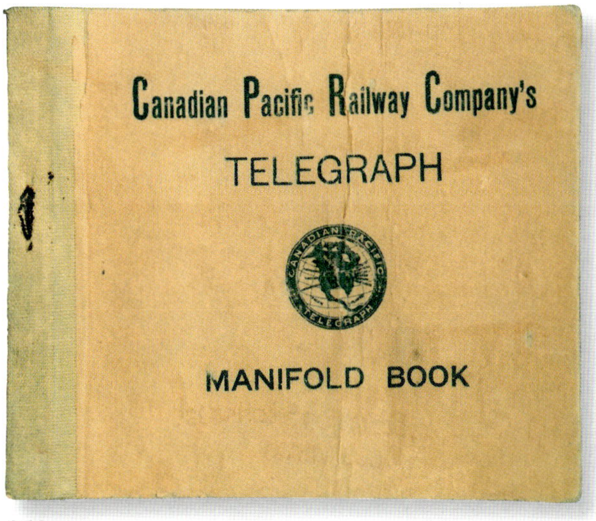

264

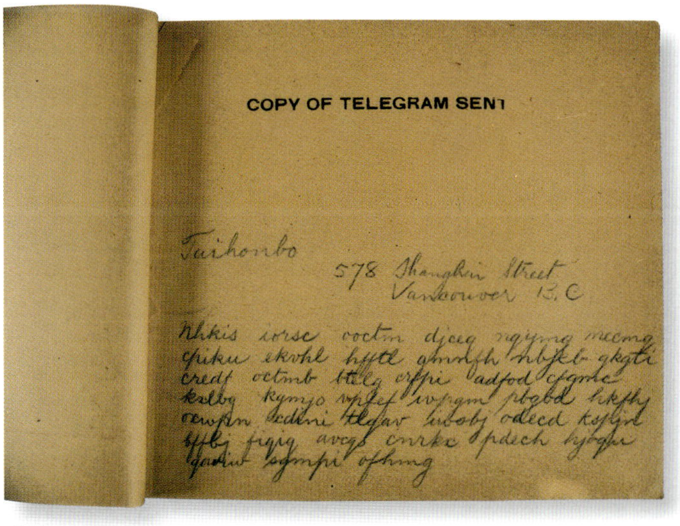

265

264－265．武昌起义前后孙中山在美国使用的电报稿复写本

266. 孙中山在南京临时大总统府用过的木质高靠背包皮扶手椅

267. 孙中山在南京临时大总统府用过的木质矮靠背扶手椅

268. 南京临时大总统府来宾签名使用的大理石圆桌

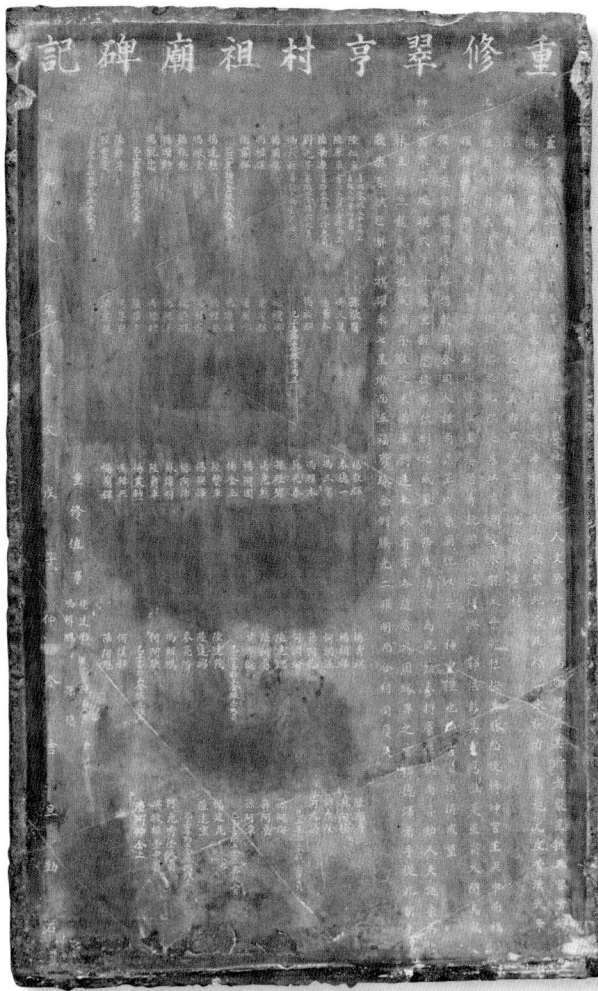

269．清道光八年重修翠亨祖庙碑记

270．清咸丰六年三修翠亨祖庙碑记

教育基地

271．1986年11月，中山市在本馆隆重举行纪念孙中山诞辰120周年暨孙中山故居升格为全国重点文物保护单位揭牌典礼。

272．每年孙中山诞辰和逝世纪念日，中山市各界人士在本馆举行纪念活动。

273．每年孙中山诞辰和逝世纪念日，中山市各界人士在本馆举行纪念活动。

274．1995年7月5日，中山市爱国主义教育基地在本馆挂牌。

275．2003年11月25日，全国侨联组织华侨1000多人在本馆举行"中国侨联爱国主义教育基地"挂牌仪式。

276．挂牌仪式主礼嘉宾右起：中共广东省委副书记欧广源、全国政协副主席罗豪才、全
国侨联主席林兆枢、中共中山市委书记崔国潮。

277．1998年10月，本馆与中山大学签署共建爱国主义教育基地协议书。

278．2006年5月，本馆与中山大学签订共建"中国近现代史教学实践基地"协议。

279. 幼儿园学生来本馆接受爱国主义教育

280. 2006年1月1日，本馆迎接的第一批客人是武警中山市支队新兵连，他们来本
馆接受爱国主义教育。

281. 学生参观本馆，接受爱国主义教育。

282. 学生参观本馆，接受爱国主义教育。

283. 香港民安队少年团在本馆进行国民教育活动

284．本馆人员赴广东省重点中学——中山纪念中学作孙中山生平事迹报告

285．海外华裔学生参观本馆，并体验农村生活。

游客服务

286. 全国首批AAAA级旅游景区检查验收工作末次会议

287. 本馆通过AAAA级旅游区的国家验收,成为全国首批、中山市唯一的AAAA级旅游区。

288. 2000年12月,全国首批AAAA级旅游区检查验收小组到本馆开展检查验收工作。

289．ISO9001质量管理体系和ISO14001环境管理体系内审现场之一

290．ISO9001质量管理体系和ISO14001环境管理体系外审现场工作检查

291．ISO9001质量管理体系和ISO14001环境管理体系外审现场之一

292

293

294

295

292-295．2000年本馆在全国同行中率先导入ISO9001质量管理体系和ISO14001环境管理体系，以国际标准实施博物馆管理。这是两个国际标准体系的认证证书。

296．监控中心机房

297．经济民警日常消防训练

298．消防自动喷淋主机

299．本馆2000千瓦的变电站和
配电设施

300．总配电房的两台备用发电机组

301．电脑网络中心机房

302．展馆中央空调主机

303．纪念品销售服务柜台

304．游客中心为游客提供咨询、讲解、行李寄存、特殊人群服务设施等免费服务

305．自动售货

306．电话亭

中山故居公园

307．1959年8月宋庆龄题词

园内景致

园内景致

# 大事记

孙中山故居纪念馆（1956—2006）

| 1956年 | | 11月，孙中山故居纪念馆成立。经过初期的大量调查研究工作，逐步开展孙中山故居内部的复原陈列。 |
|---|---|---|
| 1957年 | | 2月，本馆向翠亨村民买下孙中山故居东南侧的二层小楼及旁边平房和后院土地。该小楼作为陈列馆及办公用房，旁边平房作为来宾接待室使用。 |
| 1958年 | | 是年，孙中山故居进行大修。屋面掀开重盖，更换包括正梁在内的三条屋梁，重新铺楼板及楼板面的方砖，恢复故居院门原来的圆拱形门顶。 |
| 1959年 | | 8月，宋庆龄为孙中山故居陈列馆题字"中山陈列馆"。 |
| | | 8月，宋庆龄为本馆公园大门题字"中山故居公园"。 |
| | | 是年，全国人大委员长朱德到本馆参观。 |

| | | |
|---|---|---|
| 1962年 | | 5月，宋庆龄为孙中山故居题字"孙中山故居"。 |
| | | 5月，宋庆龄为本馆陈列馆题字"孙中山故居陈列馆"。 |
| | | 7月，广东省人民委员会公布孙中山故居为广东省重点文物保护单位。 |
| | | 8月，在调查研究的基础上继续改进孙中山故居内部的复原陈列（复原至1895年前后孙中山经常在此居住时的情形）。 |
| 1964年 | | 9月，强台风袭击珠江口，孙中山故居及孙中山试验炸药的"瑞接长庚"牌坊受损，孙中山当年经常在树下听故事和玩耍的老榕树被刮倒。台风过后，本馆即对孙中山故居及"瑞接长庚"牌坊进行维修。 |
| 1966年 | | 是年，由政府拨款，在故居西北侧修建了一座约600平方米的陈列馆（原建筑已于1996年拆除）。 |

| | | |
|---|---|---|
| 1971年 | | 是年,孙中山故居陈列馆修改基本陈列。 |
| 1966年至1976年 | | "文化大革命"期间,故居内的文物有少量散失。孙中山曾捣毁神像的翠亨村庙北极殿也于此时被拆除。 |
| 1978年 | | 1978年冬至1979年春,孙中山故居陈列馆再次修改基本陈列。 |
| 1979年 | | 6月,修建故居公园围墙以加强对孙中山故居范围的保护和管理。并于当月开始实行参观收费。 |
| 1980年 | | 春,陈列馆后座扩建约100平方米的展室,使整馆形成一个闭合的回形建筑。 |
| 1981年 | | 是年,中共中央政治局常委、中央委员会总书记胡耀邦到本馆参观。 |

| | | |
|---|---|---|
| 1982年 | | 10月，对故居内的楼梯及主要行人通道用钢梁加固，以加强对故居的保护。 |
| 1983年 | | 5月，与有关单位和个人就孙中山故居保护范围及维持周围几间民房原状达成协议，并报省文物管理委员会办公室审批。 |
| | | 6月30日，文物仓库安装空调设备完成并启用。 |
| 1984年 | | 2月，广东省文物管理委员会和广东省文化厅把孙中山故居保护范围及建设控制范围报省人民政府。3月27日广东省政府批准。省文化厅4月27日粤文物字（84）23号文通知中山市人民政府执行。 |
| | | 12月，全国政协主席邓颖超到本馆参观。 |
| 1985年 | | 是年，文化部授予本馆"全国文博系统先进集体"称号。 |

| | | |
|---|---|---|
| 1986年 | | 8月，在孙中山故居陈列馆西侧修建的孙中山史迹播映厅落成。 |
| | | 10月18日，中共中央书记处同意，国务院批准孙中山故居为全国重点文物保护单位（列入第三批）。 |
| | | 12月，本馆被广东省文化厅授予"广东省文化系统先进单位"称号。 |
| | | 是年，为纪念孙中山先生诞辰120周年，孙中山故居陈列馆重新布展。 |
| 1987年 | | 11月，孙中山故居前方孙中山听故事铜像"根"举行落成仪式。 |
| 1988年 | | 11月，本馆新建的"天下为公"牌坊及故居公园大门建成启用。 |

| | | |
|---|---|---|
| | | 6月，广东省人民政府公布杨殷故居为第三批广东省重点文物保护单位。中山市文化局委托本馆负责管理杨殷故居。 |
| 1989年 | | 6月，广东省人民政府公布陆皓东故居为第三批广东省重点文物保护单位。中山市文化局委托本馆负责管理陆皓东故居。 |
| | | 12月，本馆被国家文物局、公安部授予"全国文物安全保卫工作先进集体"称号。 |
| 1990年 | | 3月，孙中山基金会在翠亨举行成立大会。 |
| | | 8月，"孙中山与亚洲"国际学术讨论会在翠亨召开。 |
| 1991年 | | 10月，国家文物局局长张德勤视察本馆。 |

| 1991年 | | 11月，"翠亨民居展览"举行揭幕仪式。 |
|---|---|---|
| 1992年 | | 是年，利用本馆藏品编纂的《孙中山藏档选编》一书被孙中山基金会评为孙中山研究成果资料汇编二等奖。 |
| 1993年 | | 1月6日，中共中央政治局常委、国务院总理李鹏到本馆参观。 |
| 1993年 | | 12月，本馆委托中山大学与哈尔滨工业大学研制孙中山先生演讲仿真机器人（1996年完成）。 |
| | | 是年，中共广东省委、广东省政府授予本馆"文明单位"称号。 |
| 1994年 | | 4月，国家文物局专家组到本馆鉴定一级藏品。 |

| | | |
|---|---|---|
| 1995年 | | 1月，国家文物局授予本馆"一九九四年度全国优秀社会教育基地"称号。 |
| | | 4月，国家文化部、人事部授予本馆"全国文化先进集体"称号。 |
| | | 6月，广东省文化厅、人事厅授予本馆"广东省文化先进集体单位"称号。 |
| | | 11月，本馆举行纪念陆皓东烈士牺牲一百周年暨重修陆皓东烈士墓园维修完工仪式。 |
| 1996年 | | 9月，国家教委、民政部、文化部、国家文物局、共青团中央、解放军总政治部授予本馆"全国中小学爱国主义教育基地"称号。 |
| | | 9月，始建于1966年的"孙中山故居陈列馆"拆除。 |

| | | |
|---|---|---|
| | | 11月，纪念孙中山先生诞辰130周年"孙中山与中国近代化"国际学术讨论会在翠亨召开。 |
| 1996年 | | 11月，"孙中山故居陈列馆"奠基典礼在本馆举行，该建筑落成时更名为"孙中山纪念馆"。 |
| | | 12月，中山市把本馆升格为副处级单位。 |
| 1997年 | | 6月，本馆被中共中央宣传部公布为首批百个"全国爱国主义教育示范基地"。 |
| 1998年 | | 9月，本馆《孙中山与广东》赴台北国父纪念馆展出。 |
| | | 12月，中山市民俗博物馆在本馆正式挂牌成立。 |

| | | |
|---|---|---|
| 1998年 | | 是年，本馆编纂出版的《孙中山与宋庆龄》连获中国图书奖、广东省宣传文化精品奖以及广东省"五个一"工程奖等奖项。 |
| 1999年 | | 1月，广东省精神文明办公室、广东省建设委员会、广东省旅游局公布本馆为"广东省文明风景旅游区示范点"。 |
| | | 9月，中共广东省委、广东省政府授予本馆"文明单位"称号。 |
| | | 11月，本馆展览、业务综合楼——孙中山纪念馆落成典礼在本馆举行。同日"孙中山生平史绩"、"孙中山的亲属与后裔"两个基本陈列向观众开放。 |
| | | 12月，国家文物局局长张文彬带领珠江三角洲文物考察的专家们到本馆考察。 |
| 2000年 | | 3月，本馆"孙中山先生生平事迹陈列"荣获1999年度全国十大陈列展览精品奖。2002年1月，"孙中山纪念馆"建筑装饰工程获中国建筑装饰协会颁发的"2001年度全国建筑工程装饰金奖"。 |

| | | |
|---|---|---|
| 2000年 | | 4月，本馆被广东省文明委、广东省委宣传部命名为首批"广东省爱国主义教育基地"称号。 |
| | | 6月，1999年度全国十大陈列展览精品颁奖暨学术研讨会在本馆召开，国家文物局与各省文化厅主管文物工作负责人以及各省主要博物馆馆长出席。 |
| | | 11月，本馆在全国博物馆系统中率先导入ISO9001质量管理体系和ISO14001环境管理体系，以国际标准实施管理。 |
| | | 11月，"孙中山与二十世纪中国的社会变革"学术研讨会在本馆召开。 |
| 2001年 | | 1月，本馆被评为中山市唯一的全国首批"ＡＡＡＡ"级旅游区（点）。 |
| | | 1月，杨殷亲属将广东省重点文物保护单位杨殷故居委托本馆管理。8月起本馆对杨殷故居进行全面维修。 |

| | | |
|---|---|---|
| | | 3月，本馆被评为"广东省创建中国优秀旅游城市先进单位"。 |
| | | 5月，孙中山业师程君海的亲属回乡，把程君海故居捐赠给本馆。 |
| 2001年 | | 11月，本馆设计的纪念胸章和金属纪念牌系列分别获"中旅杯广东省旅游纪念品设计大赛"最佳设计奖和设计优胜奖。 |
| | | 11月，本馆派代表出席新加坡孙中山南洋纪念馆开幕典礼，并向该馆赠送少年孙中山铜像。 |
| | | 11月，"辛亥革命与当代中国社会发展"学术讨论会在本馆召开。 |
| 2002年 | | 4月，本馆设计、制作的孙中山金属纪念牌系列作品荣获"首届中国旅游纪念品设计大赛"银奖。 |

7月，纪念郑观应诞辰160周年纪念大会在本馆召开。

8月，隆重纪念杨殷烈士诞辰110周年，举办杨殷故居和《杨殷纪念展览》对外开放仪式。

9月，中山市事业单位机构改革，市机构编制委员会批复本馆为副处级事业单位，机构名称为"孙中山故居纪念馆"，保持原增挂的"中山市民俗博物馆"牌子，新增挂"中山市孙中山研究所"牌子。

2002年

10月，由著名雕塑家廖慧兰创作"孙中山与宋庆龄"铜像在本馆翠亨园落成，这是国内首座孙中山与宋庆龄铜像。

11月，孙中山长孙孙治平率孙氏亲友100多人出席孙中山诞辰136周年纪念活动，并为"中山市孙中山研究所"揭牌，。

11月20～23日，"文物保护与利用"学术研讨会在本馆召开。

| 2002年 | | 12月，本馆被人事部、国家文物局评为"全国文物系统先进集体"。 |
|---|---|---|
| 2003年 | | 1月，翠亨楼作为本馆行政办公楼启用。 |
| | | 3月，本馆编辑出版的《孙中山的家世——资料与研究》获得2001～2002年度中山市优秀社会科学成果二等奖以及中山市优秀精神产品二等奖；画册《中国民主革命的伟大先驱——孙中山》获得2001～2002年度中山市优秀社会科学成果二等奖以及中山市优秀精神产品三等奖。 |
| | | 3月，本馆与广东省社会科学院合作在本馆建立"广东省社会科学院孙中山研究基地"并举行挂牌仪式。 |
| | | 3月，国家邮政总局发行孙中山故居邮资明信片，本馆把该明信片做为门票使用。 |
| | | 11月，"中国侨联爱国主义教育基地"揭牌仪式在本馆举行，全国政协副主席罗豪才、全国侨联主席林兆枢、中共广东省委副书记欧广源、中共中山市委书记崔国潮揭幕。 |

| | | |
|---|---|---|
| **2003年** | | 11月，本馆与香港历史博物馆联合主办的《孙中山与亲属——从翠亨到香港》展览在香港展出。 |
| | | 11月，"吕文成与广东音乐"学术研讨会在本馆召开。 |
| **2004年** | | 2月，中共中央军委主席江泽民参观本馆。 |
| | | 2月，市级文物保护单位翠亨冯氏宗祠和南朗程君海故居维修工程开工。 |
| | | 9月，本馆游客中心被评为"广东省用户满意服务明星班组"。 |
| | | 12月，孙中山故居维修方案经国家文物局批准，孙中山故居全面封闭进行维修。 |

| | | |
|---|---|---|
| 2004年 | | 12月，中共中央总书记、国家主席、中央军委主席胡锦涛视察本馆。 |
| | | 12月，本馆被评为"广东省基层文化工作先进集体"。 |
| 2005年 | | 9月11日，中共中央政治局常委、国务院总理温家宝视察本馆。 |
| | | 10月，中山市获得首批"全国文明城市"称号，本馆同时获得中央精神文明建设指导委员会授予"全国精神文明建设工作先进单位"称号。 |
| | | 11月，本馆与中山市教育局、孙中山研究会、电子科大中山学院、中山广播电视台联合举办中山市中学生纪念孙中山诞辰139周年历史知识电视大奖赛。 |
| | | 11月12日，本馆"逸仙图书馆"挂牌成立，为实现本馆的征集收藏、展示教育、科学研究三大职能提供了有力的支持。 |

| | | |
|---|---|---|
| 2006年 | | 3月12日，孙中山先生逝世纪念日，本馆免费开放，当日观众人数25181人次，创本馆日观众量最高纪录。 |
| | | 5月18日，本馆与中山大学共建"中国近现代史教学实践基地"，在学术研究、资料共享、陈列设计、教学及公共服务等方面，开展广泛的合作。 |
| | | 9月5日，本馆邀请中国近现代史研究专家和文艺工作者，在本馆召开纪念孙中山诞辰140周年"孙中山与香山文化"座谈会。 |

# 后 记

纪念孙中山诞辰140周年系列活动和其他工作在有序进行，今天又恰逢辛亥革命95周年纪念日。近期虽各项工作紧张繁忙，我们还是挤出时间，集中了几位业务人员，在较短的时间内，编辑了这本图册，作为建馆50周年的纪念。时间仓促影响图册的质量，实属无奈。

在这本图册编辑的过程中，各位同事夜以继日，在连续加班中又兼顾其他。书稿刚刚交付出版社，他们又迅速转向其他工作，又是夜以继日。本馆同事不怕辛苦、连续工作的精神，值得称颂。业务繁忙、大家辛苦也说明我们事业兴旺。

我们组织了主要由本馆研究室与宣教部人员组成的小组负责这本图册的编辑工作。参加工作的主要人员及承担相关工作的有：黄健敏、林华煊、张咏梅承担文字及图片编辑，林华煊、刘小杭、黄健敏拍摄了部分图片，肖艳红、杨春华、周杏桃承担了资料照片挑选及扫描工作，肖艳红、周杏桃承担了书稿打印工作，萧润君主持了编辑方案的制定和统稿工作，盛永华主持了编辑工作并审阅了书稿。

非常感谢文物出版社的领导关心此书的出版工作，感谢本书的责任编辑等相关人员，他们为本书出版付出了辛勤汗水。

由于时间和我们的水平所限，还有其他各种原因，作为编者，我们对此书亦有"遗憾"之处，敬请读者给予批评指正。

本书编辑小组

2006年10月10日